中国普通高校学术资源配置现状与内在机制的实证研究

洪 煜 著

中国财经出版传媒集团

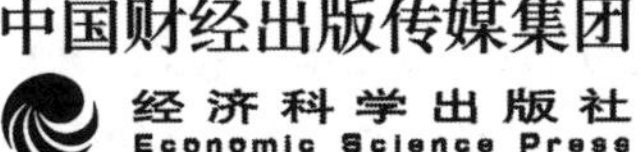

图书在版编目（CIP）数据

中国普通高校学术资源配置现状与内在机制的实证研究/洪煜著．—北京：经济科学出版社，2021.4
ISBN 978－7－5218－2484－1

Ⅰ．①中…　Ⅱ．①洪…　Ⅲ．①高等教育－教育资源－资源配置－研究－中国　Ⅳ．①G649.2

中国版本图书馆 CIP 数据核字（2021）第 063736 号

责任编辑：李一心
责任校对：蒋子明
责任印制：范　艳　张佳裕

中国普通高校学术资源配置现状与内在机制的实证研究
洪　煜　著
经济科学出版社出版、发行　新华书店经销
社址：北京市海淀区阜成路甲 28 号　邮编：100142
总编部电话：010－88191217　发行部电话：010－88191522
网址：www.esp.com.cn
电子邮箱：esp@esp.com.cn
天猫网店：经济科学出版社旗舰店
网址：http：//jjkxcbs.tmall.com
北京季蜂印刷有限公司印装
710×1000　16 开　11.5 印张　160000 字
2021 年 8 月第 1 版　2021 年 8 月第 1 次印刷
ISBN 978－7－5218－2484－1　定价：48.00 元
（图书出现印装问题，本社负责调换。电话：010－88191510）

序

作为建设教育强国和人力资源强国的重要组成部分，高等教育在我国现代化建设进程中的战略地位不断提升，政府对高等教育和高等学校倾注了大量资源，尤其在建设世界一流大学方面不遗余力。自20世纪末以来，“985工程”“211工程”和“双一流”建设等重大项目相继实施，深刻改变了我国高等教育发展的格局，少数大学和学科借势脱颖而出，迈向世界一流。

从大学发展的一般规律来看，一流大学必定是学术卓越的大学，因此，不仅大学自身将学术研究和学科建设作为办学的重中之重，政府和社会各界以及国内外各种大学排行榜也自觉或不自觉地根据大学的学术研究水平来衡量其办学质量。但是，学术研究本身是一项资源高消耗、结果不确定的探究性活动，与其他社会经济活动相比，更需要建立一套科学的管理体制和资源配置机制，才能为大学学术发展提供充分保障。

目前，我国普通高校的学术资源配置无论是在国家政策层面，还是在校本实践层面，都程度不同地存在着体制僵化、资源闭锁等问题，学术资源配置在某些方面违背了学术发展的基本规律，影响了学术资源分配的公平性和有限资源使用效率的最大化。正如中共中央办公厅、国务院办公厅印发的《关于进一步弘扬科学家精神加强作风和学风建设的意见》所指出，学术研究需要排除地位影响和利益干扰，克服“学阀”作风、“圈子”文化等问题，这些问题不仅败坏学风，还会扭曲学术资源配置，阻遏学术创新。普通高校的学术资源配置问题已经成为高等教育改革发展进程中的热点和难点问题之一，引起了政府、社会和教育界的广泛关注。

本书是洪煜博士在其博士学位论文研究和后续拓展研究的基础上撰写而成的，其主要贡献在于：从资源依赖理论出发，结合对普通高校学术资源配置中权力运行机制的分析，构建了学术资源配置机制的理论模型，并通过计量模型构建、问卷调查分析等实证研究手段对理论加以验证，揭示了政府和社会等外部力量影响高校学术资源配置的机制，尤其是对宏观、微观的行政力量在高校学术资源配置中所发挥的作用及其利弊进行了较为客观的分析，并据此提出了改进和完善我国普通高校学术管理体制和资源配置机制的政策和对策建议。

长远来看，理顺普通高校学术资源配置机制，充分激发大学的创新活力，才能实现建设世界一流大学和一流学科的战略目标，为中华民族伟大复兴提供坚实支撑，期望本书的出版能够为此作出有益的贡献。

钟秉林
北京师范大学
2019 年 8 月 6 日

摘　要

本书从资源依赖理论出发，结合对学术资源配置中权力运行机制的分析，构建了学术资源配置机制的理论模型，并通过计量模型构建、问卷调查分析等实证研究手段对理论加以验证，最后根据实证研究所发现的问题，提出改进我国高校学术资源配置的对策建议。

第 1 章“绪论”部分主要介绍了研究的意义、目的、对象和技术路线，指出完善高校学术资源配置是高校科研创新的基本条件，是大学功能正常发挥的关键，是我国由高等教育大国迈向高等教育强国的客观需要。第 2 章“理论基础”部分在辨析基本概念的基础上，阐释了学术资源配置中高校对政府、市场的资源依赖，指出高校科研经费中政府拨款、市场资金的份额变化将影响科研经费支出结构，最终导致高校科研活动模式上的变化。为理解这些变化，需进一步从宏观、微观两个层面分析学术资源配置中的权力运行机制：在宏观层面，政府权力通过政策法规主导学术资源分配，具有强调重点建设、运用专项拨款、着重扶持学科发展、经费管理“重物轻人”等倾向；另一方面，课题、奖项等无形资源配置与科研人力、财力等有形资源投入之间存在关联，政府通过主导课题评审和科研评奖，可间接影响高校科研人力、财力的投入规模。在微观层面，行政权力垄断了学术资源的分配权，学者对学术资源的使用依赖于行政人员的分配，学术权力成为行政权力的附庸。此外，学术资源配置应遵循一定的原则标准：资源配置要适应学术研究的需要和社会发展的需求、要注重资源分配的效率效益和机会公平。第 3

章和第4章“实证研究”部分首先分析了宏观学术资源配置的现状，通过计算均值、t检验和方差分析等统计手段比较不同类型高校之间学术资源配置的差异，发现部属院校与地方院校、重点院校与非重点本科院校之间存在资源鸿沟；进一步运用面板数据模型分析高校科技经费收支结构变化之间的关联，发现政府专项经费所占比例的增长提高了基础研究的支出比例、增加了固定资产购置费的投入，但对科研人员费有负效应；科研事业费比例的增长能提高科研人员费的投入，但会减少高校在固定资产购置费的投入；来自企事业单位科研资金的增长能增加高校在应用研究方面的支出比例，但会减少基础研究的支出比例；来自高校自身收入的科技经费主要用于固定资产的购置。在课题、奖项分配对科研人力、财力投入的影响方面，通过路径分析发现：若以2015年为时间节点，高校往年（2013年）的课题分配、科研评奖的结果不仅显著影响了2015年的科技人力（高级科学家）和经费（科技经费）配置，而且对2017年的课题、奖项的影响效应也较大，政府主要按照固定偏好来分配课题和奖项，而且高校2015年人力（高级科学家）、经费（科技经费）的增长也对2017年高校的课题承接、奖项获取产生了正向促进，由此带来的乘数效应将固化和加大资源分配的不均衡，导致“马太效应”。在微观层面学术资源配置上，利用问卷调查的数据进行了路径分析，发现行政管理者可通过他人对其资源分配权的依赖，间接获取课题经费，行政权力在分配学术资源过程中存在“权力寻租”。第5章“研究结论”部分概述了研究的主要发现，并进行了反思。第6章针对实证研究所发现的问题，提出了以下几点建议：在宏观层面，理顺政府高校关系，依托三方拨款机构，约束政府权能；完善间接成本补偿，强化人员经费保障，优化配置结构；拓宽经费筹措渠道，构建高校理事制度，引导市场参与；着眼重点学科建设，弱化高校行政级别，促进分配公平；规范课题奖项评审、强化独立评审机构，提高评估权威。在微观层面，依托校学术委员会，完善民主协商机制，掌控资源分配；资源配置重心下移，校级经费分块下拨，减少控制层级；改革院长聘任机制，限制院长权力边界，避免权力垄断；建立学术仲裁机构，搭建纠纷申述渠道，监督资源配置。

目　　录

第1章

绪　　论

1.1　选题背景及研究意义

1.1.1　选题背景

科技是国家强盛之基，创新是民族进步之魂。我国综合国力的增强、国际地位的提升无不与科技进步息息相关：从“两弹一星”“青蒿素”的历史性突破到北斗导航、深海探测、超强超短激光等标志性进展，从汉字激光照排系统的成功研制到移动通信、高速铁路、互联网技术应用，核电、智能制造等产业关键技术的成熟推广，中国科技发展虽然筚路蓝缕，但始终是推动社会进步的根本性变革力量，不仅影响了大国角力的世界格局，而且渗透到国民经济生活的方方面面，为中华民族的复兴之路筑牢根基。有鉴于此，党和国家的历届领导人始终将科技发展作为国家重大战略，先后提出了“科技是第一生产力”“科教兴国”“建设创新型国家”等载入史册的重要论断。党的十八大以来，面对国内外政治经济发展的新形势，中共中央、国务院发布了《关于深化体制机制改革加快实施创新驱动发展战略的若干意见》，进一步明确了党和政府通过科技创新推动经济发展、提升国家竞争力的战略谋划，概言之，落实创新驱动发展，关键在于理顺体制机制，完善国家创新体系，进一步提高科技创新对国家发展的贡献。

大学不仅是科研主阵地，也是创新主力军。大学，尤其是高水平研究型大学是创新的源发地，始终居于国家创新体系的核心位置。历史上，英美两国先后走上世界霸主地位，离不开牛津、剑桥、哈佛、耶鲁等一批世界一流大学的人才输送和智力支持。例如斯坦福大学便在硅谷诞生并走向繁荣的过程中发挥了不可替代的主导作用，据统计，斯坦福大学师生和校友创办的企业产值占硅谷产值的 50% ~ 60%①。在我国，大学同样是科研创新的主体。2017 年，高校以全国的 9.4% 的研发人员和 7% 的研发经费，发表了全国 80% 以上的 SCI 论文。高校科技经费总额达到 6531 亿元，牵头承担 80% 以上的国家自然科学基金项目和一大批“973”“863”等国家重大科技任务，高校科技成果直接交易额超过 130.9 亿元，发明专利授权量超过全国年发明专利授权总数的五分之一②。由此可见，高校作为推动我国创新发展“主引擎”的地位突出。

大学创新潜力尚未完全释放，亟待理顺学术资源配置机制。尽管大学对我国科研进步做出了巨大贡献，但在推动科技创新方面，大学仍面临不少掣肘：

一是科研经费配置的价值导向错位。施一公、饶毅（2010）指出，我国重大科研项目的申请指南常常“具体而狭隘”，表面上体现国家需要，实际上“经费预定给谁基本一目了然”。在重大项目申请时形成了一种以关系、资历为本位的科研文化与分配体制，腐蚀了学术精神、削弱了创新潜能。

二是科研诚信问题突出。例如 2006 年原“长江学者”陈某通过

① 商务部．美国硅谷的发展情况介绍［R/OL］．（2008－06－27）．http：//www.mofcom.gov.cn/aarticle/i/dxfw/nbgz/200806/20080605628935.html.

② 教育部．数据看变化·高等教育情况．［EB/OL］，（2017－09－28）．http：//www.moe.gov.cn/jyb_xwfb/xw_fbh/moe_2069/xwfbh_2017n/xwfb_20170928/sfcl/201709/ t20170928_315531.html.

假造“汉芯”骗取科研经费超 1 亿元[①]；2011 年院士候选人段某在课题经费中虚报冒领差旅费 124 万元[②]；2012 年原北航数学院主任孟某挪用科研经费 237 万元用于购买黄金期货[③]；2013 年浙大教授陈某通过各种手段非法套现 1022 万元专项科研经费[④]；等等。此外，学者为了早日评上职称，带上人才项目的“帽子”，不惜铤而走险，学术抄袭、数据造假等学术诚信问题屡见不鲜，例如 2015 年 10 月 13 日荷兰爱思唯尔出版集团宣布撤销旗下 5 本杂志里中国大陆作者的 9 篇论文，合计撤销中国作者论文 114 篇[⑤]；2017 年 107 篇由中国学者发表于《肿瘤生物学》（*Tumor Biology*）期刊上的论文因涉嫌同行评审造假被撤[⑥]；同一年，河北科技大学韩春雨副教授的基因编辑技术论文被撤回，在撤稿之前，韩春雨获得了巨额科研经费和荣誉头衔[⑦]。不胜枚举学术不端行为浪费了大量的科研经费，滋生学术腐败。有鉴于科研诚信问题的严重性，中共中央办公厅、国务院办公厅于 2018 年印发了《关于进一步加强科研诚信建设的若干意见》[⑧]。

三是科研激励机制异化严重。目前科研评价体系过分注重论文、“帽子”、职称等外部因素，轻视创新内涵，不利于创新人才培养。2018 年 6 月，国家自然科学基金委员会发布了《关于避免人才项目异化使用的公开信》，指出在有的单位、部门和地方将国家自然科学基

① 谭凯．对我国现行科技成果鉴定制度的思考及政策建议——从“汉芯”造假事件谈起［J］．科技进步与对策，2008（4）．

② 黑丁，霜凌．“捐精”准院士报销百万假发票［J］．廉政瞭望，2013（7）．

③ 单士兵．学术腐败触目惊心　科研反腐迫在眉睫［N］．人民代表报，2013－10－17（007）．

④ 林达．他将科研经费划入自控公司［J］．检察风云，2015（1）．

⑤ 胡金富，史玉民．国外学术期刊同行评审造假的分析及启示——基于 2015 年三次大撤稿事件的分析［J］．中国科学基金，2016，30（6）．

⑥ 熊丙奇．从百篇论文撤稿看中国学术生态［J］．上海教育评估研究，2017，6（3）．

⑦ 闵喆莹．韩春雨事件梳理［J］．科学，2018，70（1）．

⑧ 新华社．中共中央办公厅、国务院办公厅印发《关于进一步加强科研诚信建设的若干意见》［EB/OL］．（2018－05－30）（2018－05－31）．http：//www.gov.cn/zhengce/2018－05/30/content_5294886.htm.

金的相关项目异化为“头衔”和“荣誉”，并与各种待遇直接挂钩，干扰了人才的培养和成长；12 月，教育部办公厅发布了《关于开展清理“唯论文、唯帽子、唯职称、唯学历、唯奖项”专项行动的通知》，被各界称为“破五唯”，人才项目、“帽子”，职称本身作为一种外显的“标识”，在科研评价体系中占据过大的权重，一定程度上忽视了创新内涵，论资排辈、唯“帽”是举等现象突出，学术资源错配问题比较严重。

1.1.2 研究意义

在上述背景下，厘清现行学术资源配置中的关键问题、探索建立有效激励科研创新的学术资源配置机制，意义重大，势在必行。

首先，完善学术资源配置是高校科研创新的基本条件。随着现代科学所涉及的领域日渐扩大，研究投入规模越来越大、周期越来越长，若学术资源配置缺乏科学规划，便难以适应研究需要，无法保证资源供给的长期性、稳定性，研究活动难免陷于停滞，错失创新良机。因此，规模适切、结构合理、持久稳定的学术资源投入，对于高校科研创新至关重要。随着科学的发展，一方面，学科分化越来越精细，每一门类的研究都要占用一定的学术资源，如何将有限的学术资源发挥出最大的研究效益，是大学科研管理所面临的现实问题。另一方面，随着学科的分化，跨学科研究以其较为综合全面的视角，每每成为重大创新的突破口，而跨学科研究需要相应的学术资源整合机制才能顺利开展。综上所述，随着科学研究的发展，学术资源配置的科学性成为科研创新的前提，高校所拥有的学术资源都是稀缺的，如何利用有限资源，实现学科之间、学科内部资源投入规模与结构的最优配置，也是影响科学研究活动总体效益的关键。

其次，完善学术资源配置是大学功能正常发挥的关键。随着科技革新在国家社会发展中发挥越来越重要的作用，大学作为知识的生产、传播中心和人才的培养、储备基地，已从社会边缘走向社会中心，肩负着“人才培养、科学研究与社会服务”的神圣使命和重要功能。而大学使命的实现、功能的发挥及其效益的多寡，一定程度上取决于大学学术资源配置的合理程度与效率高低。从人才培养与科学研究的互补性上看，肇始于洪堡大学的“教学与科研相结合”理念已深植于现代大学的“基因图谱”中，在科学研究的过程中启迪学生智慧、培养创新能力已成为现代大学重要特征之一，大学与其他学段的区别在于：在人才培养过程中，或多或少涉及科研活动，而学生在参与科研的过程中，学术资源的调配供给将直接影响学生的学业成长和能力发展。另外，通过科研创新推动社会经济发展，已成为大学服务社会的重要形式，美国“硅谷”的诞生与发展便是大学创新驱动产业发展的典范。在我国，“产学研合作”方兴未艾，创新驱动发展的战略转型正处于关键节点，如何在学术资源配置中兼顾产业发展的实际需要和学术研究的基本规律，切实提高科学研究对经济发展的贡献度，这对学术资源配置的科学性提出了更高的要求。

最后，完善学术资源配置是我国由高等教育大国迈向高等教育强国的客观需要。早在 2008 年，时任教育部部长的陈至立便指出，我国已成为高等教育大国，高等教育的规模位居世界前列，建设高等教育强国已成为中国教育发展的新使命。经过“985 工程”“211 工程”等的持续投入，我国高等教育质量有所提升，但与发达国家仍有显著差距，为此，党的十九大报告也提出“加快一流大学和一流学科建设，实现高等教育内涵式发展”，吹响了“双一流”建设的冲锋号。但要建成一流的大学和学科，必须要有一流的学术，而现行学术资源配置机制难以满足建设世界一流大学和学科的基本需求：在宏观层面，学术资源配置结构失衡、效益不彰的现象仍普遍存在；在微观层面，学术资源配置与科研实际需要存在错位，资源配置对科研活动的保障与激励效用不显。简而言之，高等教育强国需要世界一流大学作为支撑，而要想建设世界一流大学，不能不对现有学术资源配置机制进行优化重组。综上所述，学术资源配置的完善关乎我国“双一流”建设、高等教育强国建设的成败，研究高校学术资源配置现状及其内在机制，辨析问题并找出优化学术资源配置的可行路径，对于我国高等教育发展乃至创新型国家建设具有重大的理论和现实意义。

1.2 文献综述

通过检索相关文献，发现与本书直接相关的文献不多，其中代表性观点如下：一是学术资源配置的原则。向兴华、杜娟、梁锦霞（2010）认为目标导向、效率优先和着眼于学校整体发展是学术资源配置的基本原则。二是学术资源配置中的权力关系和利益分配问题，查永军（2011）认为学术权力在学术资源配置中发挥决定性作用，而行政权力在学术资源分配中应是有限度的，主要用于保障资源分配的合理性与可行性，并监督学术权力行使的程序、制衡学术寡头的权力以保障学术自由等。李响（2013）发现在学术资源配置中各利益相关方的权力不均衡，应建立利益相关方的共治机制，加强对学术资源配置中各方权力的监督制衡。三是学术资源配置的影响因素，石杜丽、梅哲领、汪浩（2012）运用计量模型测算发现区域经济发展水平和教育经费投入与高校学术资源的总量成正比。此外，宣勇、郑莉（2009），张鹏（2010）、施技文（2010）等人主要探讨了高校学术资源的共享机制。上述大部分文献中，对于学术资源的定义大多引述了冯向东（2010）的观点，学术资源是能够被用来促进学术发展，加强学术竞争力的各种有形、无形资源。

进一步扩大检索范围，发现与学术资源配置密切相关的研究领域主要有两个：一是对于高等教育资源配置的研究；二是科研项目与经费的管理体制研究。现将两类研究的进展概述如下。

1.2.1 高等教育资源配置的相关研究

学者对于高等教育资源配置的研究成果，主要有以下几个方面。

1. 对高等教育资源配置的概念研究

对“高等教育资源”概念内涵的研究，较具代表性的观点有两种：一是把高等教育资源定义为高等教育领域之内有形的人力、物力、财力等投入，以顾明远（1978）、王善迈（2000）等人为代表，此类观点可视为对高等教育资源的狭义定义。二是把制度、文化、技术、信息等无形资源也纳入“高等教育领域”的范畴之内，以王卓（2005）、宋华明和范先佐（2005）、康宁（2004）等人的研究为代表。此类观点可视为对高等教育资源的广义定义。

对于“高等教育资源配置”的概念内涵，大多数学者从宏观、微观两个层面加以阐释，较具代表性的定义出自刘晖（1994），他认为宏观高等教育资源配置是通过国家宏观教育管理体制和市场机制将教育资源分配到不同地区和高校，而微观高等教育资源配置则是教育资源在不同地区和高校内部的分配。张男星（2000）等人的观点与之类同，而赵祥、胡支军（2009）在前人研究的基础上扩展“高等教育资源配置”的概念，他们将“高等教育”本身也作为一种资源，将高等教育学校在各地区的分布视为高等教育的资源配置。

2. 高等教育资源配置的主体研究

大多数学者认为高等教育资源配置的主体包括政府、市场（社会）和高校，持此观点的学者包括康宁（2004）、杨际军（2006）、彭江（2008）等。另有部分学者在上述三个主体的基础上，根据不同的研究视角提出了自己的独特见解，例如胡仁东（2006）从利益相关理论的角度出发，提出政府、高校和师生是高等教育资源配置的主体，在此定义中，胡仁东主要考虑与公办高等教育密切相关的利益群体，“社会”（市场）这个与公办高等教育间接相关的利益群体被忽略。另有赵祥、胡志军（2009）从校内、校外两个层面考察高等教育资源配置的主体，认为高校外部的资源配置主体包括政府和市场，而高校内部高等教育资源配置主体包括行政权力和学术权力。

3. 对高等教育资源配置的模式研究

范先佐（1997）、谢安邦（1998）、王红（1999）等人均指出，高等教育资源配置有两种基本配置模式，一种是市场自发调节的配置模式；另一种是政府宏观调控的计划模式。对于不同资源配置模式在高等教育领域的适用性问题，大部分学者认为高等教育是一种准公共物品，适宜采用计划模式和市场模式相结合的方式配置资源，持此观点的学者包括王善迈（1997）、崔玉平和周逸先（2002）等。此外，胡仁东（2006）将动用行政权力、学术权力配置高等资源的模式定义为“权力配置模式”，将市场对高等教育资源配置的作用定义为“市场配置模式”，此种定义方法将配置主体和配置模式结合在一起，有一定的借鉴意义。

4. 对高等教育资源配置的评价研究

对于高等教育资源配置的评价标准，谢安邦（1998）、潘懋元（2003）、许士荣（2010）等人指出，公平和效率既是高等教育资源配置的两大原则，也是评价资源配置结果的两类标准，这两类标准之间既存在矛盾性，也存在一致性，在不同发展阶段，高等教育资源配置在公平和效率之间“摇摆”，因应针对高等教育发展的内外部形势与客观需要而有所偏重。围绕公平与效率这两类标准，许多学者对高等教育资源配置的结果进行了评价。

对于高等教育资源配置效率的评价，马陆亭（1997）指出，中国在高等教育资源配置方面存在两大浪费：一是结构性浪费，指因高等教育结构不当所造成的资源浪费。二是规模性浪费，指因高等学校规模偏小及调整手段不力所造成的资源浪费，马陆亭（1997）的研究偏重于理论。对高等教育资源配置效率的实证研究最常见的是 DEA 方法在效率评估中的运用，例如刘亚荣（2001）、陈通（2003）、陆根书（2005）、侯启娉（2005）、傅毓维和郑佳（2005）、饶鹏（2005）、陈岩（2006）、中央教科所（2009）① 等均运用 DEA 方法评估了高等教育资源配置效率，发现无论是中央部属院校还是地方院校，资源配置

① 中央教科所. 中国高等学校绩效评价报告［R/OL］. http：//www.jyb.cn/high/gdjyxw/200912/t20091209_328907_1.html.

效率不显著的现象较普遍，浪费现象比较严重。随着我国高等教育接近毛入学率45%的普及化目标，高等教育发展由外延式发展转向内涵式发展，在评价高等教育资源配置效率时也从过去的强调规模结构转向了强调办学质量，例如叶前林等（2018）发现，反映办学质量的大学生人均教育经费指数对高等教育资源配置效率具有显著正相关影响，而地方经济实力、教育经费投入规模等反映规模的变量对高等教育资源配置效率反而具有显著负相关影响①。

对于高等教育资源配置公平的评价，较具代表性的研究包括：刘民权、俞建拖、李鹏飞（2006）通过问卷调查发现，高等教育入学机会的不公平与两个基本因素相关联，一是持续扩大的收入不平等；二是相对较高的学费水平和上涨速度。鲍威、刘艳辉（2009）利用1993～2005年省级面板数据，建立计量模型对扩招前后中国高等教育资源配置的区域性差异变化以及不均衡格局形成的影响机制进行实证分析，发现高等教育扩招后中国高等教育经费配置的区域差异呈上升趋势，其中预算内生均支出差异和经济欠发达地区内部的经费差距是导致区域差异上升的主因。谢作栩（2004）、刘慧珍（2007）、乔锦忠（2008）等人的研究发现，中国高等教育入学机会，尤其是重点大学入学机会存在严重区域失衡，这种失衡主要是由制度安排导致的，因此也需要通过制度来纠正：2012年以来，教育部会同有关部门实施了“国家农村和贫困地区定向招生专项计划”，包括国家专项计划、地方专项计划和高校专项计划，农村和贫困地区学生考上重点院校的数量显著增多。据统计，国家专项的定向招收贫困地区学生招生计划由2012年的1万人增至2017年的6.3万人②。在教育经费分配方面，据胡德鑫（2018）研究，我国高等教育经费分配的基尼系数呈现先增大

① 叶前林、岳中心、何育林、李刚.“双一流”建设下我国高等教育资源配置效率研究［J］. 黑龙江高教研究，2018（3）.

② 教育部. 教育部有关负责人就2017年普通高等教育招生计划管理工作答记者问［EB/OL］. http：//www.moe.edu.cn/jyb_xwfb/s271/201705/t20170510_304227.html.

后减小的变化趋势，自 2006 年之后，基尼系数总体呈下降趋势[①]。

1.2.2 科研项目与经费的管理体制研究

对于我国现行科研项目审批与科研经费管理的研究，主要包括以下几个方面。

1. 科研经费管理体制研究

对于科研经费管理中的问题辨析，代表性研究包括常天义（2002）、杨杰（2009）、翟亚军、周燕、郑晓齐（2009）、胡伟栋（2009）、佘三元（2010）等，目前科研经费管理中出现的主要问题包括：项目申请方与审批方存在“利益交换”；预算编制粗略不实、虚报开支；课题负责人随意将科研经费挪为己用；成本核算不严格、经费监管不到位；经费使用效率低、浪费现象严重；经费报销中违纪违规现象普遍；结题不结账、结余资金管理混乱等。

对于科研经费管理弊病的原因探究，翟亚军、周燕、郑晓齐（2009）、胡伟栋（2009）等人认为主要是现行科研经费管理制度僵化滞后，不能适应研究需要；项目费用界定不清、成本核算难以落实；政出多门、约束力弱、监管意识薄弱；管理主体责权不明、问责机制缺位；普遍采用事后审计，监察工作居于被动、效力不显等，这些问题反映了我国科研管理制度比较粗疏，失之于松。但党的十八大之后，随着反腐的深入推进，国家对各项公共事业中经费使用的监管力度大为增强，科研经费也不例外。我国 2016 年印发了《关于进一步完善中央财政科研项目资金管理等政策的若干意见》，并相继修订和制定了自然科学基金、人文社科基金、哲学社会科学繁荣计划、重点研发计划资金管理办法等一批文件，提出了简化预算编制、提高间接费用比重、明确劳务费开支范围、规范结转结余资金留用、下放横向

① 胡德鑫．我国高等教育经费配置公平程度及政策选择研究——基于教育基尼系数的测算［J］．湖南师范大学教育科学学报，2018（2）．

经费自主管理权、完善差旅会议管理和科研仪器设备采购管理等举措，旨在简政放权、激励创新，但实施以来效果不彰，主要问题在于科研经费管理由松到紧，矫枉过正，监管重形式轻实质，导致科研经费使用多头监管、手续繁杂、流程过长，严重干扰了科研活动。为此，2018 年国务院发布了《国务院关于优化科研管理提升科研绩效若干措施的通知》①，对上述问题进行了一定程度的纠正。

对于改善科研经费管理的对策。在理论层面，杨杰（2009）认为应从强化监管意识、明确权责关系、完善管理制度、健全奖惩机制、加强结余管理等方面入手，治理科研经费管理的乱象；翟亚军、周燕、郑晓齐（2009）则认为应当启动问责机制、实行信息公开、转变政府职能、引入第三方监管；此外，付林、李冬叶（2009）还提出要健全科研经费的成本核算体系。在政策层面，2018 年《国务院关于优化科研管理提升科研绩效若干措施的通知》中，针对近期科研经费管理“繁文缛节”过多、绩效不佳的问题，提出了简化科研项目申报和过程管理、合并财务验收和技术验收、推行“材料一次报送”制度、赋予科研人员更大技术路线决策权、赋予科研单位科研项目经费管理使用自主权、避免重复多头检查等政策举措。针对科研经费分配重资历、重头衔的问题，提出了精简人才“帽子”、集中清理“唯论文、唯帽子、唯职称、唯学历、唯奖项”等问题。

对于国外科研经费管理的比较研究，相关文献较丰富，大部分文献以美国大学的科研经费管理体制作为研究对象。在理论研究方面，学白羽、李美珍、王孙禺（2004），张济洲（2011）等人探讨了美国大学科研基金的管理模式，重点介绍了美国国家科学基金（NSF）在资助大学基础学科研究方面的具体做法，包括经费分配同行评议的利弊分析；史静寰、赵可（2007）介绍了美国科研经费间接成本管理体制的基本概念和制度变迁。在定量研究方面，谢亚兰（2011）运用计

① 国务院．国务院关于优化科研管理提升科研绩效若干措施的通知．http：//www.gov.cn/zhengce/content/2018－07/24/content_5308787.htm.

量模型分析美国一流大学科研经费投入与产出之间的相关性和科研经费的学科分布状况。在案例研究方面，曾晓东（2004）、张伟（2012）分别对斯坦福和哈佛的科研经费管理进行了剖析。此外，杨明（2007）介绍德国双规制的科研经费管理体制，并对其中存在的问题进行了深入研讨。

2. 科研项目管理体制研究

对于科研项目管理的问题分析，李新荣、吴艳萍（2006）认为高校普遍存在科研项目延期的问题，亟待解决。宋传增、刘迎春、陈怀明、孙丽华（2003）则认为横向科研课题管理中存在合同不规范、经费管理混乱、高校无形资产流失等问题。魏锋（2010）认为工科院校科研课题管理中存在着忽视对科研项目成果质量的评价、评价体系标准缺乏科学性、忽视知识产权和成果的转化等问题。刘爱军（2010）认为应当将科研项目管理和研究生培养结合起来，转变培养观念，注重科研能力，建立健全研究生科研立项机制与科研评价机制。

对于改善科研项目管理的对策研究，李新荣、吴艳萍（2006）针对项目延期问题，认为应当强化合同意识，在科研立项和评审过程中坚持公平、公正和公开，完善校院二级科研项目管理体制，根据科研项目完成情况奖优罚劣。徐芳（2008）认为在立项过程中，要加强科研管理部门的导向、服务作用；在项目中后期管理中，要加大宣传力度、建立奖惩机制、强化结题管理、避免项目延期。刘爱军（2010）针对科研项目促进研究生培养的问题，提出在科研立项方面，建立研究生院、团委、院系三位一体的科研立项体系，健全项目申报机制；在项目成果评价方面，要制定科学标准，健全结题机制，完善奖励体系，最终通过科研项目挖掘学生创新潜能。

综上所述，从目前学者对高等教育资源配置和科研项目经费管理的研究来看，主要存在以下问题：理论研究、经验研究偏多，定量研究、实证研究偏少；在相关定量研究中，偏重评估学术资源分配的结果（如科研绩效），忽视对学术资源分配过程及机制的探究，对于高等教育系统中的权力关系如何作用于学术资源配置过程等问题，尚未有文献通过实证研究进行深入探讨。

1.3 研究设计

1.3.1 研究目标

本书的研究目标主要包括以下四个方面：

(1) 系统梳理和构建高校学术资源配置有关理论。

(2) 客观呈现中国高校学术资源配置的现状与历史变化。

(3) 揭示中国高校学术资源配置中的资源依赖关系及权力运作机制。

(4) 提出改进中国高校学术资源配置的建议。

上述四个研究目标可具体分解如下：

在高校学术资源配置的理论建构中，一是界定高校学术资源配置的基本概念；二是阐明学术资源配置中的资源依赖理论；三是分析学术资源配置中的权力运作机制；四是提炼高校学术资源配置的基本原则标准。

在高校学术资源配置的现状与历史变化分析中，首先要分析学术资源的规模、种类与结构的现状与历史变化；其次要分析不同类型高校之间（宏观层面）学术资源配置上差异；最后要分析高校内部（微观层面）具有不同特征的教师在学术资源配置上的差异。

在高校学术资源配置的资源依赖关系及权力运作机制的研究中，首先要根据学术资源配置中的资源依赖关系和权力运作机制构建模型，其次通过问卷调查、查询年鉴等手段采集相关数据，最后构建统计模型，分析资源依赖关系和权力运作机制对高校外部（宏观层面）、高校内部（微观层面）学术资源配置的影响。

在改进中国高校学术资源配置的对策研究中，主要包括两个方面：一是改善宏观层面政府引导高校学术资源配置的政策建议；二是改善微观层面高校内部学术资源配置的对策建议。

1.3.2 研究对象

本书以理论建构为根基，以实证调查为手段，从总体上看，“学术资源”是本书研究的主要对象，学术资源特指投入高校科学研究活动、能保障和促进科研事业发展的人力、财力、物力等有形资源以及课题、奖项等无形资源。但在研究的不同阶段，根据研究的需要，选取了能反映学术资源配置关键信息的文献资料、统计信息和相关群体等作为研究对象。

在学术资源配置的理论研究中，研究对象主要是与高校学术资源配置相关的文献与专著，目的是对相关理论进行梳理。

在宏观层面学术资源配置的模型建构中，主要采集了《中国统计年鉴》《中国教育统计年鉴》《高等学校科技统计资料汇编》中的统计数据，构建计量模型。

在微观层面学术资源配置的问卷调查中，主要以 3 所高校从事教学研究工作的教师作为调查对象，设计并发放问卷，通过统计分析揭示高校内部学术资源配置的现状与问题。

1.3.3 研究方法

本书采用的主要研究方法包括：

1. 文献法

文献法通过对文献（图书、档案、资料、文件等）的分析研究，运用归纳演绎思维来分析和解决问题的方法。在本研究中，文献法主要用于梳理高校学术资源配置的相关概念、理论，辨明高校学术资源配置中的资源依赖关系和权力运作机制，为实证研究的展开提供理论支撑。

2. 问卷调查法

问卷调查法指的是研究者通过编制、发放问卷，要求调查对象要以书面形式回答与研究相关的特定问题，通过分析问卷填答结果得出研究结论的方法。在本研究中，问卷调查主要运用于微观层面学术资源配置的现状与问题研究。

3. 统计分析法

统计分析法是在系统整理研究对象统计资料的基础上，运用各种统计指标和分析方法，把握研究对象的数量特征及其变化的数量界限，从而深刻地了解研究对象的方法。在本研究中，统计分析法主要运用在两个方面：一是宏观层面高校学术资源配置的计量模型建构，主要运用的统计方法包括方差分析、独立样本 t 检验、面板数据模型、路径分析；二是微观层面学术资源配置问卷调查后期的数据分析，主要运用的统计方法包括独立样本 t 检验、路径分析等。

1.3.4　内容框架

本书主要包括以下几个部分：

第 1 章，绪论。主要包括本书的意义与目的、国内外研究现状、研究方法和技术路径等。

第 2 章，我国高校学术资源配置的理论研究。主要包括界定本研究中的“学术资源”“资源配置”等核心概念；辨析学术资源配置中的资源依赖关系；阐述学术资源配置中的权力作用机制；厘清学术资源配置的基本原则标准。

第 3 章和第 4 章，高校学术资源配置现状与问题的实证研究。主要包括宏观层面高校学术资源配置的现状与计量模型构建；微观层面高校学术资源配置的问卷调查研究。

第 5 章，研究结论。在总结前 4 章研究成果的基础上得出结论。

第 6 章，改进高校学术资源配置的对策建议。根据研究结论，从宏观、微观两个层面提出改善学术资源配置的政策建议。

1.3.5　技术路线

本书的技术路线如图1-1所示。

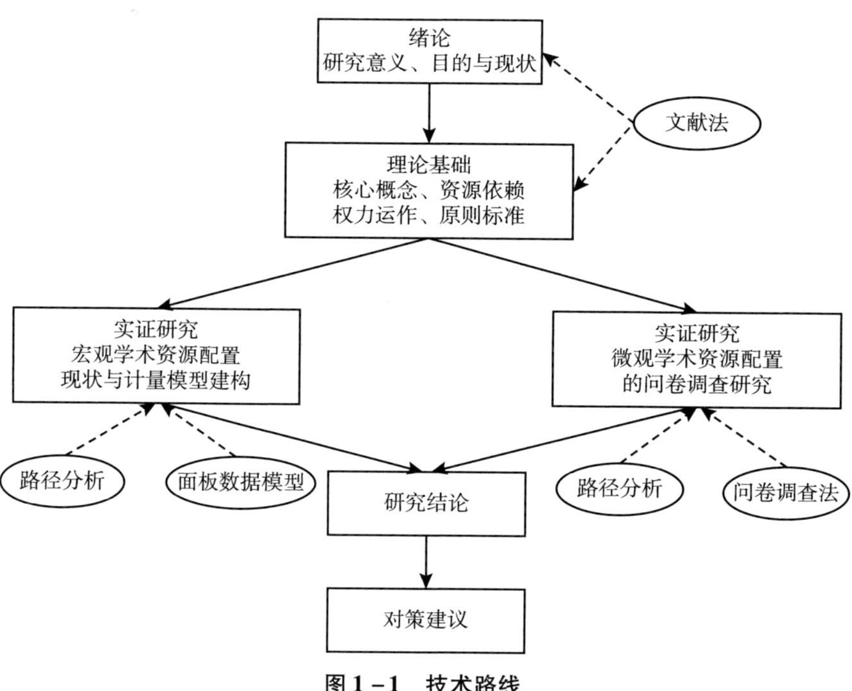

图1-1　技术路线

第 2 章

我国普通高校学术资源配置的理论研究

本章在辨析学术资源配置的基本概念和具体分类的基础上，借用资源依赖理论分析了高校对政府、市场所提供学术资源的依赖，指出高校学术研究活动对政府、市场的资源依赖是政府、市场等外部组织对高校施加影响的前提。但资源依赖仅仅能够解释外部组织影响高校的可行路径，还需要分析学术资源配置中的权力运行机制来解读各种力量在学术资源配置中的表现形式和作用方向。具体来说，对权力运行机制的分析主要涉及宏观层面的政府权力、市场权力、学术权力以及微观层面的行政权力、学术权力如何影响学术资源配置。最后，为了评价学术资源配置的优劣，本部分还提炼出了学术资源配置中应当遵循的原则标准。

2.1 核心概念

2.1.1 普通高等学校

按《普通高等学校设置暂行条例》（1986）的规定，普通高等学校是指“以通过国家规定的专门入学考试的高级中学毕业生为主要对象的全日制大学、独立设置的学院和高等专科学校、高等职业学校”。本书所探讨的普通高等学校主要指承担普通本科教育的全日制大学。在部分实证研究中，为保障数据的完备性，也曾涉及对高等专科学校的数据分析，但高等专科学校的相关研究不是本书研究的重点。

2.1.2 学术资源

“资源”是一个多学科领域的概念，资源指满足人们生存需要的自然物质来源，如阳光、水、风力、矿产资源等。从古典经济学的角度看，资源主要被看作在一定的技术经济条件下，自然界中可被人类用于生产和生活的一切物质，可称之为生产要素，通常包括劳动、土地和资本，如亚当·斯密（Adam Smith，1776）、萨缪尔森（P. A Samuelson，1954）、曼昆（N. Gregory Mankiw，2003）等均持有类似观点，他们同时认为稀缺性是资源的重要特征。在社会学领域，资源定义更加宽泛。例如美国学者科尔曼（J. Coleman，1988）认为资源是那些能满足人们需要和利益的物品、非物品（例如信息）以及事件（例如选举）。林南（2005）提出社会资源这一概念，特指个人的社会联系及蕴含其中的资源。综上所述，资源是一个随着不同研究领域和研究问题而不断扩展的概念，既可包括经济学定义的可供投入经济生产活动的有形资源，也可包含社会学所研究的内嵌于社会网络中的无形资源。

仅从“学术资源”来看，也存在广义和狭义、有形与无形之分。狭义的学术资源主要是投入学术活动、促进科学发展的人力、财力和物力等各种有形资源。广义的学术资源是“能被用于促进学术发展、增强学术竞争力的各种有形、无形的资源”（冯向东，2010），既包括投入高校科研活动的人力、财力、物力等有形资源，也包括无形资源，例如以制度为形式显现的资源，如学术职称体系、学校行政级别、科研项目分配、成果评价制度等。本书所探讨的学术资源既包括有形的学术资源，即学术活动中的人力、财力和物力的配置，也包括无形学术资源，如课题项目、科研奖项、学术职称等，其中最重要的是科研财力资源的配置。

2.1.3　资源配置

根据《现代经济词典》的定义，资源配置是指资源在不同用途或不同使用者之间进行分配，其前提是资源的稀缺性；资源配置任务就是在资源的多种用途中选择最有效的用途；配置资源的机制主要有两种：市场机制和计划机制。市场机制通过价格信号来配置资源，在价格信号的指导下，通过供求调节和利益诱导，来决定资源的流向和流量。计划机制则通过行政指令来分配资源。

2.1.4　学术资源配置

参照学术资源和资源配置的概念，学术资源配置是指能保障、促进学术研究活动的各种有形、无形资源在不同使用者之间的分配，包含两个层次：一是学术资源在宏观层面的配置，是指掌握各类学术资源的主体（政府、市场等）依据不同原则将资源分配给各类高校；二是学术资源在微观层面的配置，专指高校在接收到外部组织分配的学术资源之后，依照外部组织的要求和科学研究的需要，将资源分配给从事学术活动的相关人员。

2.2　研究假设

2.2.1　高校学术资源配置存在普适性的客观规律

规律亦称法则，是事物发展变化过程中的本质联系和必然趋势。

规律独立于人类的主观意志（具备客观性），超越时空限制，广泛制约人类的一切活动（具备普适性），学术资源配置活动也不例外，存在某些普适的客观规律。在经济领域，资源配置的重要规律已被归纳为各种经济学原理并加以验证，例如宏观经济产出总量主要受到资本存量、能源、劳动力和技术进步这四类资源的影响；资源配置的总量和结构主要取决于生产的可能性、市场的供求均衡等。仅就高校学术研究活动而言，经济学中资源配置的部分基本规律仍发挥作用，最明显的规律便是学术活动中的资源投入与成果产出成正比，例如在 2010 ~ 2015 年，科研经费投入增长 1.71 倍①，与此同时，SCI 论文发表篇数从 14.84 万篇增加到 26.5 万篇②。但是，这并不表示所有的经济学原理都适用于学术资源配置问题，学术研究与经济生产有本质区别，其资源配置也有其独特规律。而资源配置中的主体和客体之间遵循某种规律发生相互作用的机理，可称为学术资源配置的“内在机制”。

2.2.2 中国学术资源使用效益存在很大改进空间

正如前文所述，我国高校学术资源配置的效益不高。学术资源配置的错位明显，效率较低。由于现代大学制度尚未完善，高校行政化的问题普遍存在，行政权力、社会关系等外部力量干涉甚至“包办”学术事务，导致学术资源分配过程中的“权力取向”胜于“能力取向”，有限的学术资源向有权力、有地位、有资历的少数学者集中，出现“马太效应”，部分学术创新能力突出的学者难以获得充分资源开展研究，严重影响了学术资源配置的效率。另外，学术资源配置与社会经济发展的结合不够紧密，学术研究成果未能有效转化为社会经济效益。仅从高校对经济发展的直接贡献来看，根据国家知识产权局发布《2019 年中国专利调查报告》，高校的有效专利实施率仅 13.8%、

① 根据《高等学校科技统计资料汇编》相关数据计算得出。

② 数据引自中国科学技术信息研究所相关年份的《中国 SCI 论文统计报告》。

产业化率仅 3.7%，远低于企业的 63.7%、45.2%；高校专利许可率 2.9%、转让率 3.2%、作价入股比例 2.0%，也明显低于企业的 6.1%、3.7%、3.1%。[①] 此外，学术资源配置未能很好兼顾高校人才培养的需要。在博士生培养过程中由于补助水平较低、研究经费匮乏、相关配套经费不足，导致实验室设备不足、国际交流机会少、数据库建设滞后、知识共享程度不高等问题，学术资源投入不足在一定程度上降低了研究生培养质量（周光礼，2010）。

2.2.3 高校依赖外部组织为其提供学术资源

大学一方面作为“真理的福地”“文化的酵母”和“知识的源泉”（徐显明，2010），以科学研究带动社会经济发展，但另一方面，学术研究所带来的巨大效益并不能让大学成为一个自给自足、自我封闭的“象牙塔”，大学已成为一个不折不扣的“高资源依赖型组织”（史静寰、赵可，2007）。学术研究所需的经费支持、物力保障、项目支撑、政策倾斜等有形、无形资源都依赖外部组织尤其是政府的供给。若没有外部组织的资源供应，大学的学术研究活动难以存续。因此，大学的学术研究依赖外部组织所提供学术资源，在这种情况下，外部组织依照其对大学学术研究的需求来配置相应资源，而学术资源配置的规模结构的变化将对大学内部的学术研究活动方向和模式产生深刻影响。

2.2.4 高校学术资源配置受权力运行机制的影响

在高校行政化问题尚未妥善解决的大背景下，权力即便不是学术资源配置的决定性因素，也应是发挥举足轻重影响的关键因素。首

① 贺化. 2019 年中国专利调查报告［EB/OL］.（2019 - 12）. https://www.cnipa.gov.cn/module/download/down.jsp?i_ID=40213&colID=88.

先，政府与高校之间的权力关系决定了学术资源配置的基本模式，在计划经济时代，我国政府与高校之间长期存在隶属关系，高校作为政府的下级行政单位，所有资源均依赖政府部门划拨，行政级别和隶属关系是政府分配高校学术资源的主要依据，在此基础上形成了一种“行政导向型”的资源配置模式。虽然随着市场经济逐步替代计划经济成为资源配置的基本机制，学术力量掌握了部分资源配置的自主权，但不可否认的是，政府权力依旧是学术资源配置中的最主要力量，学术资源配置中政府主导、高校从属的权力格局维持不变，因此以行政级别和隶属关系为准绳的行政导向型配置模式也未发生颠覆性转变。其次，高校内部权力运行机制决定了学术资源配置的最终结果，学术资源配置必然要回应三个基本问题：资源由谁配置？怎么配置？配置给谁？上述这三个问题无不涉及权力运作：谁有权配置资源？谁有权决定配置方式？谁有权接收和使用资源？因此高校内部的权力博弈，尤其是学术权力与行政权力的博弈贯穿学术资源配置始终，并最终决定了资源配置的效率效能。

2.2.5 高校行政权力和学术权力并行是客观现实

回溯大学发展历史，学术权力与行政权力相伴相生。中世纪大学时代，学术权力与行政权力融为一体、未经分化，学术团体兼管行政事务，逐渐形成了“学者治校”的传统，两种权力并行不悖。随着现代大学制度的建立与完善，大学的功能使命日益多元、组织架构日渐复杂，大学的行政管理越来越系统化、专业化，在这一过程中，行政权力与学术权力相互分离，二者之间冲突不断，但从根本上看，这两种权力都服务于同一个目标：保障大学功能使命的顺利实现。因此，两种权力之间的关系应是并行不悖，而非彼此掣肘。在现行大学制度中，学术权力与行政权力缺一不可。仅以学术资源配置为例，学术权力若没有行政权力的配合，资源分配的可行性难以保障；行政权力若未经过学术权力的许可，资源分配的合法性必受质疑。可以说，大学内部大多数重大事项的决策执行，都离不开两种权力的密切配合，很难区分哪一种是纯粹的学术事务，哪一类是纯粹的行政事务，涉及资源配置的学术事务既是学术权力的决策议题，往往也是行政权力的作用对象。要保障学术研究的顺利开展和学术资源的有效配置，就要承认学术权力与行政权力长期并行、彼此依存的客观现实，从而协调二者关系，使其形成合力而非彼此内耗。

2.3　学术资源的分类

广义上看，学术资源可粗略地分为有形资源和无形资源两大类。

2.3.1　有形学术资源

有形的学术资源指的是以物质形态存在并能以数量度量的资源，主要包括学术研究活动中的人力、财力和物力资源。

人力资源是指一个组织单位在一定时期内所拥有的作为生产要素的人力总和。因此，从广义上看，高校学术活动中的人力资源应包括高校内部所有从事科学研究活动的人员，既包括专门从事科研活动的大学教师、研究员，也包括参与学术研究的学生、行政人员等；狭义上的高校学术人力资源是指专门从事科学研究的学者，根据相关统计年鉴，相应指标包括：教学与研究人员、研究与发展人员、研究与发展全时人员等①。考虑研究的可行性，本书主要探讨狭义的学术人力资源。

财力资源是指以货币形式投入学术活动中的资源。按其收入来源分，包括来自政府的科研事业费、主管部门专项费、其他政府部门专项费，来自企事业单位的委托经费以及高校从自身收入中划拨的科技

① 上述统计指标主要摘自《高等学校科技统计资料汇编》。

经费等；按其支出去向分，包括科研人员费、业务费、转拨外单位经费等。按研究方向分，包括基础研究支出、应用研究支出、试验发展支出。①

物力资源是以实物形式投入生产活动中的资源，具体表现为各种仪器设备、固定资产等。投入学术活动中的物力资源主要包括科研仪器设备、实验室等固定资产，从现有的统计年鉴来看，高校物力资源投入的数量大体可用“教学、科研仪器设备资产”“固定资产购置费”等统计指标度量。

2.3.2 无形学术资源

无形的学术资源主要指以非物质形态存在的资源。正如查永军（2011）所述，学术资源不仅包括人员、经费、设施等看得见摸得着的资源，也包括学术职位、科研建制、研究项目、学术奖励和学术刊物等，王振维（2009）也认为学科的竞争资源包括构成科学能力的各个要素，其中包含科学研究与人才培养条件、相关学科条件、社会（包括政府）支持程度等。马瑞华（2012）认为学术资源中包含“学术品牌”这一无形资源。总体上看，无形的学术资源至少可包括两大维度：学术文化与学术制度。但直接研究学术文化和制度将遇到以下瓶颈：一是研究对象过于宽泛，文化与制度的命题过大，研究对象包罗万象，容易流于空泛；二是难以对文化资源和制度资源进行区分，若按文化、制度来划分无形学术资源，将发现二者彼此交融、难以剥离，制度是文化的沉淀，但文化同时又是制度的产物，有不少无形资源既是文化的也是制度的；三是大部分文化资源和制度资源难以量化，在实证研究中不能很好把握。因此，本书综合各位学者的观点，选取了三个最为关键无形资源作为研究对象，分别是课题项目、科研奖项和学术职称。

① 上述统计指标主要摘自《高等学校科技统计资料汇编》。

课题项目是指在科学研究中意义重大、有待解决的具体问题。从来源上看，课题包括政府委托的纵向课题、企事业单位委托的横向课题或高校结合自身需要提供的校级课题等。从课题的功用来看，可大致分为基础研究类课题、应用研究类课题和试验发展类课题三类。

科研奖项是指根据学者所做研究的创新性或社会效益等，设立名目予以学者名誉性或物质性奖励。在我国，科研奖项主要由政府相关部门或政府主管的科研机构评选，因此根据评选主体的行政级别，可分为国家级科技进步奖、省部级科技进步奖等。

学术职称是根据学者能力水平和所获成就授予的职阶称谓和身份认定。大学教师的职称体系一般包括教授、副教授、讲师、助教，从级别上看，教授属于高级职称，副教授属于副高级职称，讲师属于中级职称。

当然，无形学术资源是一个较宽泛的概念，除上述三种资源之外，还有不少资源可称为无形学术资源，例如政策支持、学科建制等，国家重点学科平台、“985 工程”“211 工程”“双一流”建设项目等都可算作无形学术资源的一种表现形式。

本书主要选取了课题项目、科研奖项和学术职称作为研究对象，除了避免研究过于宽泛之外，还考虑到这三种资源是影响高校学术实力、学者职业发展的最关键资源，而且这三种无形资源也便于量化，在相关统计资料中均可获得较为可靠的统计信息，有利于进一步开展研究。

2.4　学术资源配置中的资源依赖

2.4.1　资源依赖理论

资源依赖理论是由杰弗里·菲佛和杰勒尔德·R. 萨兰基克（英）

于 1978 年提出的理论，其核心观点可以用一句话概括：为组织提供重要资源的供应者能在很大程度上影响甚至控制组织的行为。

上述理论的主要观点如下：

（1）组织的根本目标是为了生存，而组织生存的关键在于其获取和维持生存所必需资源的能力。

（2）没有组织能够完全做到自给自足，组织的生存依赖于外部环境持续不断地为其提供生存所需的各种资源。

（3）在组织从环境中获取资源的同时，提供资源的外部群体或外部组织也有自身的利益诉求，它们要求组织做出特定的行为作为其持续供给资源的回报，若组织不对这些要求做出回应，那么它将无法继续生存。

（4）组织若完全回应外部需求，沦为执行外部命令的工具，其自身独立性被消解，在这种情况下组织也不可能存续，因此，组织需要在回应外部需求和保持自身独立之间谋求一种平衡，通过一系列的策略，在回应外部需求的同时最大限度保有自主权。

由于组织对外部环境和稀缺资源的依赖，导致组织容易受到为其提供所需资源的其他组织的影响。为了生存，组织必须适应外部环境，协调外部组织相互冲突的诉求，来自外部环境和相关组织的限制及干预将影响组织的行为，从组织外部实现对组织的控制不仅可能发生，有时甚至不可避免。

但不同组织受到外部控制的程度有大有小，究竟有哪些因素影响了外部群体（或组织）对组织的控制力？菲佛和萨兰基克（英）认为，一个组织满足特定群体的努力是它对这一群体依赖性和对其他群体依赖性进行相互比较的结果，同时也是这一群体的需求与其他群体需求相互冲突的产物。在决定一个组织对其他组织的依赖性时，有三个关键因素：一是资源的重要性，也就是在组织的生存和运转对该类资源的依赖程度；二是利益群体对该类资源分配和使用的控制力；三是资源的可替代性，包括是否有其他资源供应者或替代性资源的存在。

2.4.2　高等教育领域内的资源依赖

对于高等教育中的资源依赖现象，最典型的理论莫过于希拉·斯特劳和拉里·莱斯利（英）所提出的学术资本主义，他们认为大学财政收支的变化对学术劳动产生了深刻影响，高等教育领域内的资源依赖推动了学术资本主义的产生。

根据资源依赖理论，斯特劳和莱斯利指出高校的财政行为限定了其组织行为，高校经费收支的变化可用于解释学术劳动性质上的转变，他们分析了澳大利亚、加拿大、英国和美国这四个国家中高等教育相关政策所导致的财政收支变化，发现国家和州/省政府限制了可供大学自由支配的资源，导致大学更多的资源依赖，促使大学和教师依靠其他财源来维持院校的收入水平。具体来说，在 20 世纪 80 年代，美国、英国、澳大利亚、加拿大四国政府制定了按照技术革新、知识产权管理和生产服务开发等职能目标划拨公共经费的政策。这些政策改变了高等教育的资源配给机制，将高等教育经费从固定拨款模式转向目标导向模式，政府要求大学在提升产业的国际竞争力方面发挥更大的作用。为此，政府开始规定研究和项目投资的职能指标，可供大学自由支配的非限制性公共经费开始减少，这为高等教育系统中严重的资源依赖创造了条件。

根据资源依赖理论，资源供应者可以从两个方面影响组织的资源交换：一是资源相对于接受者的临界度，指在某种资源匮乏的情况下组织能继续履行职责的程度，相当于前文中所提出的“资源的重要性”。二是交换的相对量，指的是某一供给方所提供的资源占资源总量的份额。从临界度来看，对于大学而言，临界资源包括物理设备、教学科研人员、学术、公用设施等，但最关键的资源还是经费；从相对量来看，大部分公立大学在财政上已极大地依赖政府，只要政府愿意，完全可以对大学行使很大的权力，大学之所以能保有其自主权的关键在于政府通常以固定拨款的模式给予大学相当程度的经营自主权。

但正如前文所述，20 世纪 80 年代，各国政府削减了高等教育中固定拨款的额度，在新的资助模式中，对于经费的使用附加了更多的条件，在一定程度上削弱了大学的自主权。为应对非限制性固定拨款逐渐减少所带来的财政缺口，大学及其内部成员不得不改变资源获取的模式，努力争取外部资金，在这一过程中，大学及其内部成员在争取外部经费过程中日渐显现出市场竞争的特质：对大学而言，越来越多的经费和资源被花费在营利性活动中，如建立衍生公司、设立研究园区，将教学支出转移到研究；在大学内部，教学科研人员试图将知识资本化，将更多精力投入能为其带来收益的学术研究活动中，为获取科研资金与项目合同而展开竞争。综上所述，根据斯特劳和莱斯利的研究，大学收入模式上的变化，尤其是最关键的政府固定拨款的减少推动了学术资本主义，因为它们把教学科研人员和高校推向了补偿固定拨款份额的市场和市场行为当中，而院校及其教师为获取外部资金的市场活动或具有市场特点的活动正是学术资本主义的具体表征。

我国学者对资源依赖和学术资本主义进行了深入探讨，较具代表性的包括王正青和徐辉（2009）、温正胞和谢芳芳（2009）、唐晓玲和王正青（2009），王英杰（2011）、徐斯雄和吴叶林（2011）等。有部分学者探讨了学术资本主义对学术资源配置的影响，他们认为大学对市场的依赖将改变大学科研资源分配和专业设置的格局。研发经费更多被投入与市场结合更紧密的学科，如工程技术、生物科学、信息科学、法学商务等，那些与市场联系不太紧密的学科，如哲学与人文社科领域，在研究资源的分配中处于劣势。在专业设置方面，2015 年之前，高校新增专业学科主要集中在与市场密切相关的应用性、技术性学科，2005 ~ 2010 年新增的 133 个专业中有 65 个为工科，信息科学和生物科学的相关专业数量增幅超过 70%，这些具有较高市场化水平或营收潜力的专业能够为大学带来更多的资源，也有利于大学声誉的最大化；另一方面，基础学科、人文教育学科新增的专业很少见，这些低市场化水平的专业的生存发展面临困境（唐晓玲、王正青，2009；徐斯雄、吴叶林，2011）。自 2015 年国务院学位委员会颁布实施《博士、硕士学位授权学科和专业学位授权类别动态调整办法》以来，2016 年全国 175 所高校大幅撤销 576 个学位点，2017 年 129 所高校大幅撤销 340 个学位授权点，其中撤销最多的学科是软件工程，2016 年被撤销 36 个，2017 年 14 个，另有工程（项目管理）、应用化学等应用学科被大量撤销，这说明“双一流”政策改变了高等教育资源配置机制，高校在强调绩效导向、动态调整的政策环境下，自发撤销了前期盲目建设的缺乏特色、基础薄弱的学科。

但也有学者从另一个角度解读高等教育领域中的资源依赖，认为资源依赖是大学行政化问题的根源。高校患上了“资源依赖病”（马健生、孙珂，2011），在高校外部，政府掌握了包括财政经费在内的对高校发展至关重要的资源，通过对这些资源的配置，政府实现了对高校的外部控制，大学管理与政府管理对接，出现了严重行政化问题：政府对高校资源分配和使用的过度干涉影响了高校工作的效率；以经费引导高校的科研行为导致高校本真知识探究活动的偏离；重大人事任免权的缺失抑制了高校发展的自主决策能力；机构设置的垂直化限制了高校的自主管理能力；高校评估的行政化降低了教育资源的利用效率等。在高校内部，大学行政机构成为政府职能部门在高校内部的延伸，行政人员代表政府部门行使资源配置权，学术人员为获取这些资源逐步产生了对行政人员的依赖，高校外部行政化传导到了高校内部：部分学者官僚化，试图通过兼任行政职务来掌握资源配置权，分散了研究精力，弱化了学术实力；学术资源分配失衡引发组织文化畸变，官本位文化侵蚀学术组织；垄断资源分配的行政机构规模过度扩张、组织病态增生；学术评价中的行政思维忽视学术活动的基本规律，不利于学术事业的可持续发展。

此外，行政化还会导致资源分配的路径依赖，“某些大学是根据它们过去的声誉和被期待的贡献，而不是根据它们当前的表现来得到教育资源分配，不平等深深根植于某些大学应该得到较大份额的国家分配资源的传统观念中”（李红宇，2011）。

总体上看，学者们对于资源依赖在高等教育领域所产生的影响还存在争议。但至少有两点值得借鉴：一是资源依赖理论是分析大学内、外部组织行为的有力工具；二是在分析学术资源配置中的资源依赖现象时，高校经费收支结构的变化是评估其资源依赖的程度大小、辨识资源依赖的后续影响的关键视角。

2.4.3 学术资源配置中的资源依赖

2.4.3.1 学术资源配置主体及所掌握的资源

探讨学术资源配置中的资源依赖，首先应明确掌握学术资源的主体有哪些。正如康宁（2004）所述，高等教育资源配置中主要有三股力量：学术力量、政府力量和市场力量，这三股力量实际上分别对应了掌握学术资源的三类主体：高校、政府和市场。

高校所拥有的学术资源既包括从事研究活动的科研人员，也包括用于科学研究的固定资产和仪器设备，还有一些无形资源以优势学科群、学术影响力、科研制度与研究氛围等方式存在。但在上述所有资源中，最核心的是科研人力资源，尤其是科学家与工程师。

政府所拥有的学术资源包括两类：一类是有形资源，主要表现为政府对高校的科研拨款，包括主管部门投入高校的科研经费等；另一类是无形资源，其中包括前文中所提到的课题项目、科研奖项等。还有学者提出“政策资源”这一概论，例如学校的行政级别和隶属关系、“985 工程”和“211 工程”“双一流”建设项目等。

市场所拥有的学术资源主要是投入高校科研的项目资金，例如在高校科技经费中含有来自企事业单位的委托经费。

2.4.3.2 学术资源依赖的分析框架

正如前文所述，菲佛和萨兰基克在讨论组织的外部控制时，曾提出影响资源依赖关系的三个关键因素：资源的重要性、对资源的控制力、资源的可替代性。斯特劳和莱斯利在分析西方大学的资源依赖时曾提出“临界度”和“相对量”这两大指标。本书综合上述学者的观点，认为在学术资源配置中高校对其他组织的依赖主要取决于以下四个方面。

学术资源的重要性。某类学术资源重要性可通过两个方面加以衡量：一是该类学术资源在维持学术生产活动正常进行中所发挥的作用（相当于斯特劳和莱斯利所提出的“临界度”）；二是该类学术资源对学术活动产出的贡献程度。

不同主体对学术资源的控制范围。相当于斯特劳和莱斯利所提出的“相对量”，即外部组织作为学术资源供给的主体，其所提供的资源在所有同类资源中所占的份额。一般来说，外部组织提供的学术资源相对份额越大，对高校学术活动的影响力就越大。

不同主体对学术资源的控制方式。宽泛地讲，任何能影响资源分配的方法都在一定程度上实现了资源控制。在大多数情况下，所有权是控制学术资源的基础，例如在政府和市场将资金投入高校科研活动时，实质上并未将所有权让渡出来，而是赋予了高校及学者对于投入经费的使用权，在保有所有权基础上，政府和市场仍可行使对经费使用的监督权。此外，对于政府来说，控制学术资源的另一有效手段是通过政策法规，对学术资源供给渠道、用途去向、合法程序进行限定。

学术资源供给渠道的可替代性。可替代性意味着对于某一类学术资源，高校能否找到多个供应者，例如高校科技经费的来源渠道便具有可替代性。若高校必需的某类学术资源只能由某一组织供给，那么该组织便在实质上垄断了这种学术资源，对高校的学术研究活动有较大的话语权。

2.4.3.3　对高校学术资源依赖的分析

1. 学术资源配置中高校对政府的资源依赖

政府所拥有的学术资源主要包括政府分配的科技经费、课题项目、科研奖项和学术职称等，下面逐一阐述高校对上述资源的依赖。

（1）科研经费。从资源的重要性来看，科研经费的重要性主要体现在补偿学术研究活动中的人力成本和物力耗损，科研经费的匮乏有可能导致研究进程的中断或研究质量的低下。可以说，有充足科研经费的学术研究未必是高水平的研究，但没有经费支撑的学术研究的质量难以保障。从政府对科研经费的控制范围看，可以用科技经费中来自政府部门的资金所占比例加以衡量，目前科技经费中来自政府的资金（包括主管部门与非主管部门的专项经费）已经接近科研经费的60%（详见表3-11），这证明高校在科研经费方面对政府的依赖性较强；从资源的控制方式来看，对于投入高校科研活动的政府资金，政府仍享有其所有权，因此能对资源进行分配并监督其使用。在我国，由于大学校内机构与政府部门相互对接，二者目标一致、职能趋同、组织同构、指令通达，校内行政组织被异化为政府在大学中的附属组织和利益代言，代表政府行使对科研经费的分配权和监督权。从资源的可替代性上来看，政府科研经费具有可替代性，来自市场的项目资金可作为政府科研经费的替代，若市场投入高校的科研经费足够充裕，政府科研资金所占的相对份额减小，便可在一定程度上减弱高校对政府的依赖。

（2）课题项目。从资源重要性的角度看，课题项目一方面是科研活动的一种重要形式，另一方面也是政府和市场配置学术资源的一种主要载体，在科研活动中发挥关键作用。一般来说，委托方在项目合同的制约下，有义务为学术研究活动提供充足持久的资源支持，资源供给的稳定性减小了研究活动的不确定性，从而在一定程度上保障了研究质量。从政府对课题项目的控制范围来看，政府在高校课题项目的分配上居于主导，尤其是那些耗资大、周期长、短期收益低、外部效益显著的重大研究课题，由于具有类似公共物品的属性，基本都是由政府提供。从政府对课题项目的控制手段来看，主要通过专家评审等方式监督课题研究的进展并对其成果进行评价。但组织评审的机构有的是隶属于政府的事业单位，例如国家自然科学基金委员会，有的直接由作为项目委托方的政府职能部门自行评审，以全国教育科学规划课题为例，全国教育科学规划领导小组办公室既是委托方，又是评审方。政府所主导的评审工作难以避免行政力量的干预，有可能减损评审客观性。从政府课题项目的可替代性来看，和科研经费一样，企事业单位所提供的课题项目可作为替代，但由于资本的逐利性，不能带来显著经济收益的课题或需要长期投入且风险不可控的课题，如基础研究类、人文社科类项目，往往难以得到市场资助，主要依赖政府提供，具有一定的不可替代性。

（3）科研奖项。作为对学者学术成就和高校科研水平的认定，科研奖项的重要性毋庸置疑，科研奖项能提升研究人员和所在高校的学术声誉，而学术声誉作为学术权威的基石，在吸引汇聚学术资源上的作用显著，获得更多科研奖项的学者和高校，在与其他学者和高校竞争课题项目和经费资源时一般能占据优势。从政府对科研奖项的控制范围上看，具有科研评奖资格的都是政府部门及其附属事业单位，因此科研奖项这类学术资源具有不可替代性，除政府所属的单位或第三方机构之外，少有其他机构具备足够权威评定学术奖项。在控制方式方面，政府作为科研奖项的评定主体，通过限定科研奖项的名目数量、主持科研评奖实施工作、规定科研奖项的评价标准等方式实现对科研奖项这一无形资源的控制。

（4）学术职称。在资源重要性方面，学术职称作为对学者学术身份的标识，整体上反映了学者学术权威、科研成就和研究能力，是影响学者获取学术资源能力的关键因素，一般来说，职称越高的学者主持科研课题的机会越多，获取学术资源的能力越强，在某些重大研究课题的申报中，明确规定高级学术职称是主持课题研究的基本条件。在资源可替代性和控制范围方面，目前各级教育行政部门是职称评审的实施主体，评审标准由政府主导，虽然部分高校获得了高级学术职称的评聘资格，但仍受控于政府编制安排，教授评聘需依赖相关教育行政部门的名额分配，由此可见，学术职称的供给具有不可替代性，除了政府和其授权的高校之外，尚未有其他组织有权评定学术职称，即使获得职称评定资格的高校，在评聘过程中的自主权有限，在控制范围方面，政府实质上控制了所有学术职称的供给，限定了高校教师学术职称的规模结构。在对学术职称这一资源控制方式上，政府一方面通过法规政策限制学术职称的程序标准，另一方面也通过名额分配等形式间接干预学术职称供给。

2. 学术资源配置中高校对市场的资源依赖

市场所拥有的学术资源主要是企事业单位委托高校的课题项目与科研经费。从资源的重要性来看，来自企业的课题项目与科研经费和来自政府的一样，都是学者职业成长和高校科研事业不可或缺的重要资源；从资源的可替代性来看，来自企业的项目经费和来自政府的项目经费可互相替代。企业对资源的控制范围取决于资源需求方（学者及高校）和资源供给方（政府和市场）之间的双向选择，仅就科研经费来看，企业所提供的科技经费约占高校科技经费总额的1/3详见表（3.11）。从企业对项目资金的控制方式来看，主要遵循市场契约原则，通过签订项目合同等方式，企业享有对研究项目和经费使用的监督权，在研究开展的过程中，可委托第三方机构评估对研究阶段性成果和资源使用效益实施评估，必要时可通过停止资金继续投入等方式影响研究进程。

综上所述，我国高校对于政府的依赖程度比市场更深，尤其在课题评审、科研评奖、学术职称等无形学术资源方面，政府发挥不可替代的关键作用。市场在政府主导学术资源配置的现有格局上，通过注入项目资金的方式，对高校学术活动进行引导。

2.5 学术资源配置中的权力运行机制

资源依赖理论仅仅解释了政府、市场等外部组织控制高校学术研究活动的可行路径，但政府、市场在哪个层面对高校学术资源配置产生了作用？其作用的具体形式和大致方向如何？这些问题都需要通过分析学术资源配置中的权力运行机制才能获得解答。本部分从宏观（高校外部）、微观（高校内部）两个层面，逐一分析了学术资源配置中的各种权力的运行机制，以便更深入理解现行学术资源的配置机制。

2.5.1　概念界定

2.5.1.1　权力的概念

“权力”是一个被广泛运用而又众说纷纭的概念。马克斯·韦伯（英）认为权力是“在一种社会关系里哪怕是遇到反对也能贯彻自己意志的任何机会”。在他看来，“权力”关系主要体现在掌权者的“统治”与权力作用对象“服从”之中。权力的本质是人与人之间一种特定的社会关系。根据权力的来源，可进一步分为法定权力、传统权力与魅力型权威三种类型。

在韦伯之后的多位学者对权力进行了阐释。托马斯·霍布斯（英）认为权力是“获得未来明显利益的当前手段”。伯特兰·罗素（英）则认为权力可定义为有意努力的产物。拉斯韦尔则认为权力是一种社会价值，与权力相互影响的其他社会价值包括：财富、知识、技能、健康、正直、善良和仁爱，权力的行使实际上是上述社会价值的获取与转换。他们所定义的权力已不局限于社会关系中控制人的权力，还涵盖了控制物的权力，例如伯特兰·罗素将权力分为“对人的权力”和“对死物或非人类生活方式的权力”，他虽主要探讨的是对人的权力，但同时强调，现代世界变化的主要原因是科学赋予我们业已增加的“治物之权”。

丹尼斯·朗总结了马克斯·韦伯、托马斯·霍布斯和伯特兰·罗素等人的观点，认为权力可区分为“行动权”（power to act）和控制权（power over），当权力作为一种行动权时，它与技巧（skill）、禀赋（talent）的词义相近，专指从事某种活动的能力，即对外部世界产生某种效果的能力，以及潜藏在一切人的活动中的物理或心理能量，这种“行动权”自然包括人类作用物质世界的权能（或称之为治物之权）。此外，当权力作为控制权时，它等同于“主宰”（mastery），即控制或作用于抵抗物的能力，若主宰的对象为自身，则一般称为自律或自我控制；若作用于他人，便是前文中马克斯·韦伯所定义的作为社会关系的权力。丹尼斯·朗认为，在政治学、社会学的研究中，要将作用于物的权力和作用于人的权力区分开，他改造了伯特兰·罗素的定义，认为“权力是某些人对他人产生预期效果的能力”。

国内对于权力的定义则大多从“控制他人的能力”这一角度入手，例如林荣日（2005）认为权力是指某种强制力或影响力，这种强制力或影响力由力量、价值和权威构成，即权力主体拥有相对较大的某种力量、相对较多的某种社会价值或相对较高的权威，因而权力客体必须自愿或不自愿地对权力主体所发出的指令加以服从，如果权力客体违背权力主体的旨意，那么前者就有可能受到后者的惩罚。《中华法学大辞典》将权力定义为“能使别人服从掌权者意志的力量，即个人、集团或国家贯彻自己的意志或政策以及控制、操纵或影响他人行为（而不管他们同意与否）的力量。”并指出权力具有主体的意志性、不平等性和强制性三大特征。

综上所述，学者们对于权力的认识主要包括以下几点：一是权力既包括作用于物的权能，也包括作用与人的权威；二是在人文社科领域的研究中，权力主要被看作一种特定社会关系，是某些人对他人产生预期效果的能力。

在本书中，学术资源配置中的权力的作用方式既包含直接操控学术资源分配的治物权，集中体现为对科研经费、仪器设备的支配；也包含影响他人学术资源配置行为的控制权，集中体现为对科研人力资源的配置和管理。

2.5.1.2 影响学术资源配置的权力

学术资源配置过程中究竟有哪些权力在发挥作用？为了理解这一问题，需参考在高等教育资源配置中的权力主体。

一般认为，宏观层面的高等教育资源配置中主要有三种权力：学术力量、市场力量和政府力量。学术力量是内置于高等教育微观组织的对人力资源投资具有特殊影响的力量，它植根于大学与生俱来的专业化品质与学术本质，与大学自身的组织功能共生共演进；市场力量源生于市场经济制度，是市场经济作为一种基础性社会资源配置力量在高等教育的中的具体显现；政府力量则指政府在高等教育资源配置中的基本方式和表现形式（康宁，2004）。杨际军（2006）、彭江（2008）等也持有类似观点，这种高等教育资源配置“三元权力论”的优点在于基本理清了参与高等教育资源配置最主要的权力主体，缺点在于主要聚焦于宏观层面资源配置的权力分配，忽视了微观层面（高校内部）资源配置的权力问题。

赵祥、胡志军（2009）区分了高校内部和外部的资源配置权，他们认为在资源配置中，高校外部的权力包括政府权力和市场权力；高校内部权力则包括学术权力和行政权力。政府权力是根据社会经济发展目标规划高等教育的规模、质量和分布，制定相应的法律法规，行使国家对高等教育的配置权；市场权力通过投资、捐资等形式引导社会资本流入高等教育，从而在一定程度上改变高等教育发展的轨迹，反映社会经济发展对高等教育的诉求。在高校内部，学术权力是高校学术人员通过对高等学校资源的配置，以回应教学和科研活动的具体需要。行政权力则是高等学校内部行政人员通过履行其统筹调配各项资源的行政职能，达到高等教育内部各类资源的有效配置。

本书根据高校学术资源配置的实际情况，综合参考了康宁、赵祥等人的观点，认为学术资源配置可分为宏观（高校外部）学术资源配置和微观（高校内部）学术资源配置。

在宏观学术资源配置中，发挥作用的权力主要包括政府权力、市场权力和学术权力。

政府权力相当于伯顿·克拉克（英）所提出的“官僚权力（政府权力）”，即政府作为管理、引导、促进高校科学研究活动的机构所享有的对学术资源配置的行政管理权，主要通过制定科学发展规划、颁布相关法规政策、分配科研项目基金、组织学术评议评价等方式行使其职权。

市场权力主要是指高校外部企事业单位等经济活动实体通过与学

者（学术机构）签订合同、设立项目、注入资金等方式获得的学术资源配置权，市场权力通过注入资本来改变高校学术资源配置总量结构，间接引导高校科研的方向，使其适应经济活动需要。

宏观层面的学术权力相当于克拉克所提出的“行会权力”，由地位平等的学者所组成的“行会”对学术资源配置所享有的共同控制权，据伯顿·克拉克所述，“学者行会”拥有在大型政府机构（尤其是高教领域和教育部）中生存的能力，往往通过教育行政部门间接对学术资源配置施加广泛影响。

在微观学术资源配置中，发挥作用的权力主要是学术权力和行政权力。

微观层面的学术权力是学者基于其专业权威和学术自由所享有的配置学术资源的自主权。从学术自由的角度看，学者享有自由支配学术资源不受干涉的权利；从专业权威的角度看，学者基于其学术声望和专业成就，对本学科领域内学术资源的分配有广泛影响力和评议权。微观层面的学术权力是宏观学术权力的基石，若学者在微观学术资源配置上的自主权难以保障，就更谈不上对宏观学术资源配置的支配权。

微观层面的行政权力是高校内部行政人员基于其行政职务所获得的在其职权范围之内对学术资源的管理权。此处论述行政权力相当于伯顿·克拉克所定义的“官僚权力（院校权力）”，是一种依托于高校内部科层制的行政机构组织，通过委派和任命等形式由组织授予的权力，在学术资源配置过程中，行政权力的主要职责是保障资源配置的可操作性和效率效能。从政府权力和行政权力的关系来看，根据伯顿·克拉克所述，行政权力与政府权力虽然都属于官僚权力，但“可以被拴在不同的‘马车’上”，在不同组织层次上，官僚权力完全可以拥有不同的任务目标、利益诉求和作用方式。但我国高校与西方大学不同，所有正规大学都被整合到一个体系之中，一元化的行政权力通天贯地（韩水法，2005），大学组织内部的行政权力化作政府行政权力链条的末端（冯向东，2010），通过这根权力链条，政府教育行政部门对大学的管理一直延伸到大学内部。根据这一观点，与西方大学相比，我国高校的学术资源配置中宏观政府权力与微观行政权力结合得更为紧密，呈现出一种上下级隶属关系。

2.5.1.3　资源依赖与学术资源配置中权力关系

从资源与权力的关系来看，资源的不均衡是行使权力的基础，丹尼斯·朗认为权力基础“着眼于掌权者，并不着眼于他行使权力的原因与动机，而是着眼于他带入权力关系使他得以行使权力的各种资源”。权力得以有效运使的前提是掌权者带入权力关系的资源正是权力作用对象所缺少的，如声望、财富、技能、个人魅力、专门知识或由职务派生的合法权威等，而这种在控制资源上的不平等是权力关系的基础。

沿用上述思路，在学术资源配置中，政府权力的基础在于它实质上控制了那些投入高校学术研究活动的公共资源，如科研经费、课题项目、政策资源等，而这些资源不仅是权力对象（高校及科研人员）所缺少的，而且是科研活动正常进行所必需的。另外，能用于支持科学研究的资本在市场和高校之间的不均衡分布是市场权力的基础，市场权力通过控制注入研究活动的资金，维持其对高校科研活动的参与权与监督权。学术权力的基础是学者或学术集体对于专门知识这一稀缺资源的占有和垄断，例如伯顿·克拉克曾指出“专业的和学者的专门知识是一种至关重要的和独特的权力形式，它授予某些人以某种方式支配他人的权力”，赵俊芳（2008）也认为大学学术权力合法性与权力主体的知识占有相关，任何学术权力的行使均离不开对知识的汲取、占有和保留。行政权力的基础来源于科层组织依照职务权能所授予的对于相关学术资源的控制权，例如宋伟（2005）认为，高校行政部门的行政权力来源于“法”的制度赋予他们掌控资源的绝对权力。

从权力的根基是权力关系双方在控制资源方面的不平等这一角度，可重新审视资源依赖理论，实际上资源依赖理论就是在阐述组织之间占有和控制资源的不均衡，造成资源富余的组织能对资源匮乏的组织行使某种权力、施加外部干预，这一思路与丹尼斯·朗的观点并无悖逆，只不过在资源依赖理论中，权力关系的双方都是组织而非个人。

2.5.2 学术资源配置中各种权力的合理性

2.5.2.1 政府权力参与宏观学术资源配置的合理性

（1）出于促进科学研究、提升国家实力的需要。随着全球化进程深入推进，国际竞争日趋激烈，科学研究水平已成为国家综合实力中的核心构件，受到空前重视，一个国家科技实力的高低已成为决定其兴亡成败的关键。作为科技创新源发地的大学，其学术研究的效益和资源配置的效率，也理所当然受到了政府的密切关注。在这一背景下，姑且不论学者们主观意愿，客观上看，大学的科学研究活动已不再是大学教授们的自留地，而被赋予了某种政治意味，正如约翰·布鲁贝克所言："高等教育越卷入社会事务中，就越有必要用政治观点来看待它。就像战争意义太重大，不能完全交给将军们决定一样，高等教育也相当重要，不能完全留给教授们决定。"套用这一逻辑，正是由于科学研究对于国家发展和社会进步的重大意义，政府对于促进大学科学研究发展、保障学术资源有效配给有着不可推卸的公共责任。而学术资源配置作为引导、促进大学科学研究的有效途径，政府权力参与其中也是其履行公共职责的应有之义。

（2）出于扶持基础学科发展、保障科学长期繁荣的需要。随着科技发展日新月异，学科的分化日渐精细、门类日趋繁杂，新兴学科层出不穷，但大体上，所有学科都是从"数理化""文史哲"等基础学科演化而来，可以说，这些基础学科是所有学科发展的基石。基础学科的发展与其他学科有很大不同，每一次突破创新都需要难以计算的资源或经年累月的投入，但基础学科的每一次创新都有可能给现有的科技体系带来颠覆性的革命，从而带动其他相关子学科飞跃式地发展，最终带来巨大的社会经济效益。从经济学上看，基础学科是一种投资回报高、投资周期长、外部效应显著的公共物品，若将基础学科的资源配置完全交给市场，在成本过高、收益不明的情况下，作为理性人的市场主体不可能将过多资源投入基础学科发展，正如希拉·斯劳特等人发现的学术资本主义现象，更贴近市场的专业和学科（如商业服务和应用学科）获得了更多科研经费，基础学科研究面临资源匮乏、人才凋零的困境，在这种情况下，政府有必要将基础学科作为一种公共物品，投入充足资源保障基础学科的发展，如此才有可能夯实科学持续繁荣的基础。

2.5.2.2　市场权力参与宏观学术资源配置的合理性

（1）出于高校服务社会经济发展的需要。“服务社会”一向是现代大学的使命之一，大学通过知识创新促进社会经济的发展，例如，美国硅谷通过汇聚周边知名大学的科研力量，发展高新技术产业，为美国的经济发展提供源源不断的动力。目前我国人口红利将尽，旧有的经济发展模式不可持续，迫切需要大学发挥其科技创新的优势，转变经济增长方式、带动产业结构转型。就国际经验来看，大学服务经济发展的最有效方式便是在学术资源配置中引入商业资本和市场机制，将大学的科研创新作为一种商品，如此一来，市场便可以通过项目经费这一“价格信号”影响学术研究的走向，在促进学术资源筹措渠道多元化的同时，实现大学科研创新方向与社会经济发展需要的同步对接。

（2）出于科研本身对于经费投入的需求。科学研究从来不是免费的，大部分情况下，越是高水平的研究所需要投入的资源都越多，例如在高能物理学研究中，2008 年在欧洲建立的大型强子对撞机建造经费超过 80 亿美元。面对越来越大的科研成本，大学本身作为非营利性机构，难以实现科研投入的自给自足，而政府所投入的科研经费也仅能补偿部分研究成本，因此，引入市场资金投入学术研究势在必行。市场经济活动单位作为科研活动的出资方，对于学术资源配置自然享有一定的发言权，例如出资方有权审核科研经费预算、监督科研经费使用、审计经费去向，评价项目投资效益等。

2.5.2.3 学术权力参与宏观学术资源配置的合理性

（1）出于科学配置学术资源的需要。在学术资源配置过程中，必然面临的问题便是如何合理有效地配置资源？对于这一问题，最有发言权的自然是长期从事学术研究的学者。学术资源配置合理与否取决于它能否满足科学研究的实际需要，而只有学者才能根据科学研究的实际经验来评判资源分配与研究需求的适配性，从而为改进学术资源配置指明方向。其次，学术资源配置是否有效还取决于资源是否能被分配到最有学术价值和社会效益的项目中，而只有长期浸润在专业知识领域、深入把握学科前沿发展的学者才能客观评价课题的研究价值，从而为科研立项和经费分配的提供依据。因此，国内外科研基金会在组织课题项目申报的过程中，普遍采用了同行评审机制，借助学者组成的专家团队来决定是否设立科研项目以及如何分配研究经费。

（2）出于保障大学学术自主的需要。学术资源是否充裕直接影响大学学术成就和办学质量，因此，谁控制了学术资源的供给，谁便握住了左右大学学术发展的命脉。根据资源依赖理论，组织生存的关键在于获取和维持资源的能力，组织的行为受到利益相关群体的制约，当某一组织赖以生存的关键资源主要掌控在少数外部组织手中，那么这一组织将依赖于提供资源的外部组织，从而丧失自主权。目前，学术资源尤其是科研经费的分配主要由政府主导，学术权力的话语权偏弱，其结果是大学普遍患上了“资源依赖病”，政府以经费引导高校的科研行为导致本真知识探究活动的偏离，学术自主受到严重威胁（马建生、孙珂，2011）。因此，有必要加强学术权力对科研经费等学术资源配置的话语权，以制衡政府权力对高校科研活动的干预控制。

2.5.2.4　行政权力参与微观学术资源配置的合理性

出于保障资源配置可行性的需要。正如冯向东（2010）所述，随着大学规模的扩张和职能的扩大，大学管理中专门化、专业化的需求越来越迫切，各职能部门和院系都需要大量具备专业素养的专职管理人员，以保障学校的正常运行，行政权力由此萌生。在学术资源配置中，同样也需要行政权力参与其中，与松散的学术组织相比，行政组织在完成配置资源这一任务时有天然优势，其等级化的组织架构、目标导向的工作流程、可量化的绩效考核等都能有效保证资源分配的效力。若我们仔细考察微观层面的学术资源配置，可以发现它涉及各种烦琐细致的行政工作，例如研究人员的信息统计、科研经费的财务报账、课题奖项的评审报送等，这些行政工作耗时耗力，某些甚至需要专业知识技能，但都是落实资源分配相关决策、保障学术资源有效供给中不可或缺的日常性工作。若没有行政组织和行政权力参与学术资源分配，上述行政工作让学者承担，不仅效率低下，而且会分散学者从事科学研究的精力，造成人力资源的浪费。

2.5.2.5　学术权力参与微观学术资源配置的合理性

出于维护学术自由的需要。学术自由一般被理解为追求真理而不受妨碍的权利（Husen，1985），但若没有相应资源支撑，学术自由也不过是一句空言，正如丹尼斯·朗所述："如果表面上拥有自由的人缺乏使他们的权利生效的资源，自由就没有什么价值"。因此，若想让学者享有自由研究的权利，就必须为他们提供研究所需的资源，很难想象没有经费支持的研究能顺利展开。那么如何让学术资源配置适应维护学术自由的基本需要？这就需要通过强化学术权力来为学术自由保驾护航，保障学术权力在微观学术资源配置中的充分参与和主导地位，将"分配经费的自由"纳入学术自主的内涵之中，从而避免政治、宗教、行政等其他外部力量通过操纵资源分配来侵害学术自由。

2.5.3 学术资源配置中各种权力的作用方式

资源是权力得以顺利行使的根基，没有资源的支撑，权力将空置。但权力也能反过来作用于资源，以各自特定的形式，或变革、或固化资源分配的格局。本部分研究结合资源依赖理论，对学术资源配置中各种权力的作用方式进行解析。

2.5.3.1 宏观学术资源配置中的权力作用方式

据前文所述，在宏观层面，政府权力、市场权力和学术权力是配置学术资源的主要权力。

（1）政府权力在学术资源配置中的作用方式主要分为直接、间接两种。

政策法规是政府权力直接影响学术资源配置的主要形式。纵观政府关于学术资源配置的相关政策，可以发现以下特征：

一是重点建设。重点建设是指将大量资源优先分配到少数重点大学中，以便于在较短时间内提升其办学质量和科研水平，实现建设一批世界一流大学和一流学科，提升国家科研竞争力的政策目标。从“211 工程”“985 工程”到“双一流”建设，无一不体现了这种通过资源的相对集中促进少数高校优先发展的“重点建设”思维。重点建设是对计划经济时代平均主义资源分配方式的革新，在投入高等教育的学术资源相对不足的情况下，优先将资源投入到少数具备较强科研创新潜能的高校中，未尝不是一种实现效益最大化的资源分配策略。但在实施各类重点建设项目的过程中，重点大学与非重点大学在学术资源分配上的鸿沟使高校之间失去了公平竞争的平台；行政（政府）权力主导的配置模式导致学术资源配置过程中学术思维让位于行政思维，学术权力从属于行政权力，大学行政化问题凸显；教育部和其他部委所属高校在重点建设工程中，将体制内的地位转化为资源分配上的优势，进一步固化了依照高校行政级别分配学术资源的利益格局；

“重点建设工程”对少数高校科研发展的巨大效应，诱使所有高校将工作重心转移到谋求政府的政策扶持，由此强化了高校对政府主管部门的资源依赖，削弱了大学的办学自主权。

二是专项拨款。自 1985 年我国实施“综合定额 + 专项补助”的高等教育财政拨款模式以来，来自政府部门的专项拨款日益成为高校财政经费的支柱，对高校科研事业的发展起了明显的助推作用。相对于 1985 年以前以“定员定额”为主要特征“基数加发展”拨款模式来说，现行拨款引入了绩效考核的因素，例如在 2015 年 11 月国务院印发的《统筹推进世界一流大学和一流学科建设总体方案》中，提出四条原则，其中之一便是“坚持以绩效为杠杆。建立激励约束机制，鼓励公平竞争，强化目标管理，突出建设实效”。2017 年 7 月财政部、教育部印发的《中央高校建设世界一流大学（学科）和特色发展引导专项资金管理办法》秉承了同样的原则，明确要“注重绩效，动态调整。加强绩效管理和追踪问效，根据有关评估评价结果、资金使用管理等情况，动态调整支持力度，强化激励约束”。这样的拨款模式有一定的优点：一是高校为争取政府的科研专项经费，加大了科研投入力度，促成了高校之间科研竞争的格局，为高校科研事业发展提供充足动力；二是专项拨款是政府根据高校科学研究的特定需要，单独列支给高校的经费补助，要求专款专用，加强了预算绩效管理，对资金使用情况进行监督，组织开展“引导专项”绩效评价，以作为动态调整的依据，在体现政府主导的同时兼顾高校实际需要（张炜，2008）。但其缺点也十分明显：一是专项补助中政府意志过于强烈，将体制内的政治力量、行政层级和隶属关系迁移到了学术资源配置中，容易忽视科学研究的基本规律和伦理守则，使学术研究活动偏离探究真理正常轨道，成为权力寻租的手段；二是现行拨款体制虽然一再强调高校经费使用的自主权，但周期过短的绩效评估和资金监管剥夺了高校经费使用的部分自主权，容易造成高校对部分短期易见成效的项目采取功利性的过度投入，而其他长期重大项目资金匮乏的资源配置错位现象。

三是重视学科发展。促进高校学科发展一直是政府宏观调控的重要政策目标，例如“211 工程”第三期的总体规划中将重点学科建设列于其任务目标的首位，明确提出统筹规划 1000 个左右与经济建设、科技进步、社会发展和国家安全紧密相关的重点学科，“985 工程”则力争在 2020 年前后，形成一批达到国际先进水平的学科，“双一流”建设则兼采上述建设项目之长，将大学建设与学科建设融合起来，并提出一流学科建设是一流大学建设的支撑这一建设思路。这种以学科发展为中心的政策目标使得学术资源配置向着能够直接提升科研水平的基础研究倾斜，许多耗资巨大、周期较长的基础研究项目获得的充足的资金，有利于提升我国大学科研事业长期发展的潜力。但事物总有两面性，重视学科发展的资源分配策略，将科研人力吸引到了基础研究领域，造成应用研究等与市场紧密相关的科研人力投入相对不足，弱化了大学服务经济发展的功能。从政策导向看，政府已意识到了这一问题，一方面深入实施创新驱动发展战略，推动产学研合作，试图构建大学研发与市场投资的合作平台（袁贵仁，2012）；另一方面通过“双一流”建设引导高校服务经济社会发展，“实现合作办学、合作育人、合作发展，科研成果转化绩效突出，形成具有中国特色和世界影响的新型高端智库”①。

四是支出重物轻人。2012 年前，我国政府投入力度较大的纵向科研项目，如国家重大科技专项、国家自然科学基金等都制定了相应的经费管理办法，这些管理办法对人员经费开支做出了严格限定，但对涉及物力投入的开支限制很小。例如《国家自然科学基金项目资助经费管理办法》规定面上项目劳务费不得超过自然科学基金资助经费的 15%；重点项目、重大项目及各类专项的劳务费不得超过自然科学基金资助经费的 10%，但对实验材料费、设备购置费、实验室改装费的

① 教育部、财政部、国家发展改革委. 统筹推进世界一流大学和一流学科建设实施办法（暂行）[EB/OL]. http://www.moe.edu.cn/srcsite/A22/moe_843/201701/t20170125_295701.html.

比例限定较小。社科基金经费的管理办法也规定劳务费的比例在“重大项目不得超过项目资助额的 5%，其他项目不得超过项目资助额的 10%”。此外，大多数科研项目中，人员经费开支范围也仅限于在课题研究开发过程中支付给课题组成员中没有工资性收入的相关人员（如在校研究生）和课题组临时聘用人员等的劳务性费用，承担科研项目的在职人员津贴补助等一律不能开支（徐孝民，2009）。这种重物轻人的支出管理模式一方面导致科研活动中的人力资本投入得不到合理合法的补偿，另一方面，物力投入过剩也造成了严重资源浪费。中办、国办 2016 年 7 月印发了《关于进一步完善中央财政科研项目资金管理等政策的若干意见》，加大了对科研活动中人力成本的补偿，通过间接费用加大对科研人员的激励力度，并取消了绩效支出比例限制。北京、广东等省市跟进出台了类似措施，科研支出“重物轻人”的问题有所改观，但由于长期以来的制度惯性以及劳务费等人员支出扣税较重等问题，科研经费分配中人力成本补偿的部分占比仍偏低。

课题奖项是政府权力间接引导学术资源配置的关键手段。课题项目和科研奖项作为无形学术资源，能起到吸引汇聚有形学术资源的作用，高校通过争取这两种关键的无形资源，可实现自身学术资源的不断增长。

课题项目既是高校开展科学研究的重要形式，也是政府分配科研经费的主要渠道，通过有意识地分配科研项目，限定课题申报资格等方式，政府可以实现对某类高校、某些学科的重点扶持。

这便是政府通过引导项目分配，予以协同创新中心资源分配上的扶持。

科研奖项作为对学者研究成果的荣誉奖励，能极大提升学者所在高校的学术声誉，在学术资源稀缺的情况下，高校之间围绕高级科研人才、重大项目资金等关键资源展开竞争，而科研奖项所带来的学术声誉能让高校在争取优秀科研人才和科研经费等方面处于优势。目前，科研评奖主要由各级政府部门主导，通过直接或间接干预科研奖项分配的方式，政府能左右高校之间的竞争格局，使一流大学、一流学科获得更多人力资源和财力保障。

但课题项目与科研奖项对于高校学术资源配置方面的影响远不止于上述两个方面，通过课题项目与科研奖项的叠加作用，高校能构建学术资源不断增长的良性循环，正如图 2－1 所示。

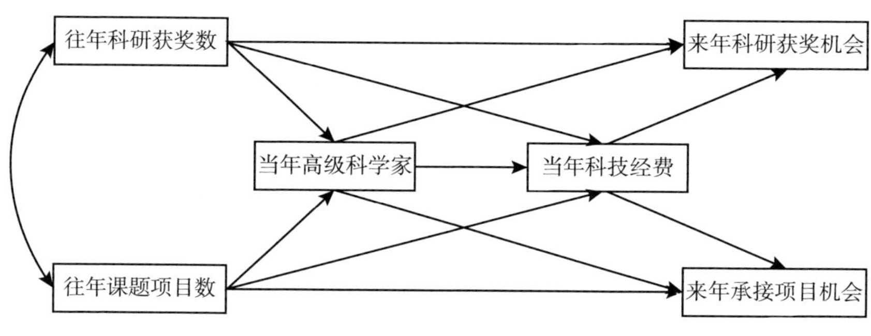

图 2－1 课题奖项与科研人力、经费配置关系

高校科研获奖、课题承接这两种无形资源和高校科研人力、研究经费这两类有形资源之间存在双向互动的关系。一方面，高校的科研获奖和承接课题情况将影响高校的人力资源配置，课题奖项多的高校对于高级职称的学者更有吸引力，因为在目前的学术评价体系中，课题数量和获奖情况已成为职称评审的硬性指标的，学者为了职业发展，必然会优先选择到能为他们带来更多课题承接和科研评奖机会的高校任职，没有课题项目和科研奖项的高校是难以留住高级科研人才的。另一方面，政府和市场在分配科研经费时，除了根据高校的科研人力规模之外，还会参考往年高校在科学研究上的表现，而课题项目数量和科研获奖情况便是反映高校科研实力的重要指标，往年科研表现优异（科研奖项多、课题项目多）的高校自然能获得更多经费拨款。综上所述，高校通过提高科研奖项、课题数量，获得更多的科研人力投入和经费支持。

另外，高校投入通过有效利用手中的人力资源、政府及市场投入科研经费，在未来获得更多科研奖项和课题项目，在此情况下，当前的科研人力、财力规模作为投入，未来的科研奖项、课题数量成了产出。

综上所述，科研奖项、课题项目越多，越能争取到更多优秀学者和更多经费投入，而优秀学者和科研资金的汇聚将增大来年科研获奖和课题获取的机会。高校的科研事业就此通过“乘数效应”实现滚雪球式的发展，而启动这一良性循环的枢纽便是政府对高校科研评奖和课题项目的倾斜，因此不难理解如今高校为争取政府的“政策扶持”而不遗余力，这实际上是因为政府通过主导课题分配和科研评奖，掌握了能促进高校科研飞跃式发展的“快车道”。

（2）学术权力在学术资源配置中的作用方式主要有组织、个人两个层面。

在组织层面，高校作为优质学术人力资源的保有者，对学术资源的配置有一定的发言权，在政府和市场分配学术资源的过程中，高校凭借其科研人力资本的存量、往年科研绩效表现优劣等参与对稀缺学术资源的竞争。在这一过程中，高校学术权力在争取学术资源方面的作用凸显，高校学者整体科研水平在决定学术资源分配的总量上有着不可替代的关键作用。学术权力参与学术资源配置的另一种组织化方式便是课题申报中的专家评审机制，学者通过参与专家评审，决定科研项目资金的分配去向。

在个体层面，某些知名专家学者凭借其学术权威能影响政府配置学术资源的策略。最典型的案例是在 1983 年 5 月的全国高等教育工作会议上，南京大学名誉校长匡亚明、浙江大学名誉校长刘丹、天津大学名誉校长李曙森和大连工学院（现为大连理工大学）名誉院长屈伯川联名向国务院写信，建议“从全国 700 余所高等学校中，选出几十所基础较好、师资力量较强、教学质量和科学研究水平较高……的院校，作为高等教育建设的战略重点，列为国家重点建设项目，增加投资，增建校舍，添置图书和现代化设备，推动这些学校迅速扩大本科生、研究生招生人数和开展科研工作”。这一建议引起强烈反响并被国务院采纳，成为“211 工程”启动的最初思想，深刻影响了现今学术资源分配的格局。

但不管以组织形式还是以个人形式来影响学术资源配置，在现代大学制度不健全、学术权力参与高校决策渠道不畅的背景下，我国学术权力要想发挥作用，总绕不开政府和行政组织。只有借助政府力量的主导作用和校内行政组织的紧密配合，才有可能对本校和全国学术资源配置产生影响。

（3）市场权力在学术资源配置中的作用方式是遵循合同契约原则，以其对投入高校科研资金的所有权为基础，对高校的科研活动实施干预，正如《学术资本主义》所述，市场在配置学术资源的过程中具有逐利性，能带来显著经济收益的应用学科获得更多资源，而远离市场的基础研究和人文学科在获取市场资金方面的能力偏弱，相关情况在前一小节中的“学术资源配置中高校对市场的资源依赖”已有所阐述，不再赘述。

2.5.3.2 微观学术资源配置中的权力作用方式

当资源供给方（政府或市场）将学术资源分配给高校的时候，实际上并未将资源的产权[①]完全让渡给高校及其内部组织，至少需要保留资源的所有权，作为资源供给方监督高校科研活动的基础；需保留资源的收益权，以保证高校科研的产出为资源供给方所用。因此，资源供给方让渡给高校的产权主要是分配权和使用权，根据目前国内学者的研究表明，高校内部行政组织（人员）获得了学术资源的分配权，而高校内学术组织（人员）获得的主要是资源的使用权。

从资源配置的程序来看，分配在先使用在后，因此学术资源都必须经过行政领导的分配才能被学术人员所使用。在这一过程中，行政

① 产权包括所有权、经营权、管理权、使用权、支配权、分配权等一切关于资产权利在内的具有广泛内容的权能体系，所有权是产权体系中的一部分并非全部。摘自：中国社会科学院经济研究所编；张卓元主编．政治经济学大辞典．北京：经济科学出版社．1998.

领导在资源分配的优先次序和份额多寡方面掌握了较大话语权，学术人员被异化为“待分配的对象”，对行政领导产生了资源依赖，其行为模式也发生深刻改变，演化为一种从属依附的关系。由此，我们看到了一条行政权力间接作用于学术资源配置的可能路径，即行政领导通过手中的学术资源分配权，影响学术资源配置中的行为模式，使得本应具有相对独立性和经费自主权的学者听命于行政权力的驭使，从而影响资源配置最终结果（详见图 2－2），最极端的情况在行政权力干预下，组织内部学术资源向掌握资源分配权的行政领导倾斜。

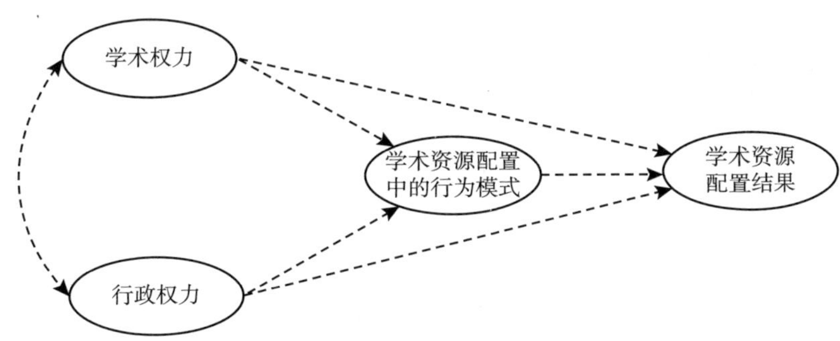

图 2－2　高校内部学术权力、行政权力影响学术资源配置的理论模型

当然，学术权力在资源分配的过程中也有话语权，学术人员基于其专业权威，对于资源分配的合理性、有效性享有最终裁量权，少数资历深厚、能力突出的学者凭借其长期积累的个人权威，能极大地影响组织内学术资源分配。在这种情况下，行政权力反而受到少数学术精英的控制，在学术精英的监督下分配学术资源。由此可见，学术权力同样也可能存在间接干预学术资源配置的渠道，少数学术精英的权威能对行政权力产生制衡。具体来说，在学术资源配置的行为模式中，掌握资源分配权的行政人员听命于少数学术精英，而学术精英也有利己心，某些情况下有可能出现学术精英通过间接手段操控行政权力，为自己获取更多的学术资源。

2.5.4 学术资源配置中行政权力与学术权力的冲突与治理

根据学者们的研究，在学术资源配置中，最关键的一组权力冲突是行政权力与学术权力之间的冲突。这里所讨论的行政权力是广义层面的，包括前文中所定义的高校外部政府权力和高校内部的行政权力。实际上大多数学者在探讨行政权力与学术权力的冲突时，由于宏观政府权力和微观行政权力紧密关联，探讨政府权力时难以撇开校内行政权力，反之亦如是，因此将二者放在同一个范畴中，虽加以区分，但常常混用。有鉴于此，本部分研究也将政府权力和行政权力综合起来，探讨广义上的行政权力与学术权力之间的冲突。若不加特指，本部分探讨的“行政权力”是广义层面的，同时包括“政府权力”和“高校内部行政权力”。

2.5.4.1 行政权力与学术权力的冲突

（1）从行政权力与学术权力冲突的原因来看，主要包括五个方面：

一是在文化层面上，学术权力和行政权力冲突的根源在于学者和行政管理者对于大学性质和使命的不同认识。首先，二者有着不同的目标追求，学术人员以追求学术真理为目标，而行政人员则以保证大学公共责任的实现为其工作的基本价值。其次，学术人员和行政人员有着不同的职业生涯轨迹，学术人员忠于学科胜过忠于学校，而行政人员对其所在组织的依附性更强。再次，大学教师和行政人员处在不同的工作文化环境中。学者在个人主义文化环境中，行为的自主性更强，行政管理者任职于科层组织，强调照章办事，学者和行政人员处在两种截然不同的文化氛围中，二者沟通时常常产生误解（王英杰，2007）。最后，由于工作职能的不同，学者和行政人员的个性和行为特征有较大差异，大学教师由于对真理永不停顿的追求，因此带有理想主义者的特质；大学行政管理人员由于更注重公共责任，因此具有功利主义者的价值取向。

二是在管理理念上，强调平等与自由的学者与强调效率与约束的行政人员在如何管理大学的理念上存在冲突（眭依凡，2001）。具体来说，学者的“学术共治模式”和行政人员的“科层管理模式”之间存在冲突。研究人员更追求民主共治，但常常将学术思维套用到学校管理上，又由于学术人员忠于自身所在的学科胜过忠于学校，因此常从自己学科的利益出发参与学校管理，较少考虑学校的整体发展；而行政人员强调效率和业绩，在管理过程中，以学校整体发展为终极目标，以保证组织高效运行为第一要务，但常因过于注重效率而忽视学术发展的基本规律（周巧玲、谢安邦，2011）。

三是在管理方式上，强调宽松自由、民主参与的学者群体与强调行政效率、令行禁止的行政人员之间在管理方式上有较大差异。学术权力和行政权力在管理方式上的冲突一方面表现为“民主管理与领导独断的矛盾”，高校教师思想活跃，民主意识强，对学校发展若有意见，会明确表达出来并期望付诸实施，而这些意见常常会加重行政人员的负担，掌握行政权力的人往往喜欢通过独断的方式来彰显权威，不习惯学者的民主参与（袁祖望，2004）。另一方面，学术权力的作用方式具有松散性和自主性，大部分的学术研究都是在宽松自主的环境中完成的，因此学术人员对于外在约束很敏感，而行政权力的作用方式却以科层为特征，以效率为导向，在具体管理工作中常过多约束学术人员的自由，在缺乏有效协商机制的情况下，学术人员和行政人员的冲突对立不可避免（姚叶、廖湘阳，2006）。

四是在权力客体上，行政权力和学术权力在作用对象上存在交叉，高校本身作为一个权力客体，在行政权力和学术权力并存的情况下，就要解决谁是主导这一问题，行政权力和学术权力围绕高校控制权，二者处于长期的冲突与博弈之中；在高校内部具体事务上，行政事务和学术事务彼此交织、界限不清，导致行政权力和学术权力在诸项事务上的暗中较量，若缺乏完善的权力协调机制和明确的职能定位，就会造成学术权力和行政权力之间的内耗冲突与相互越位。

五是在利益分配上，政策大多由行政管理者制定，因此利益分配不可避免地向行政人员倾斜，这种利益分配上的不公平必然加剧行政权力和学术权力的冲突（袁祖望，2004）。

（2）在学术资源配置中，行政权力与学术权力冲突的危害包括政府过多干涉高校事务，高校内部权力失衡，大学管理中泛行政化问题突出。主要表现为以下几个方面。

行政权力占据权力核心，学者参与资源分配决策的渠道堵塞。一是行政系统掌握了学校控制权，包办学术事务的现象比较严重（眭依凡，2001），行政人员将“官本位”观念带入学术事务管理中，习惯听从上级指挥，将行政管理的运行方式套用于学术管理，忽视学术发展的客观规律（赵凤娟，2008）。二是管理决策中凸显行政意志，学术权力主体的重要性被忽视（肖应红，2004），学术发展的重大问题仍以行政权力决策为主，作为学术权力行使载体的教授、专家及学术机构难以发挥其决策作用，学术人员在学术事务管理中参与率不高，学术人员对大学的大部分学术事务以及大量的非学术事务少有发言权（许建领，2001），学术人员参与管理的形式多为座谈、咨询，对最终决策的影响甚微。三是学术权力参与管理缺乏制度保障，校务委员会、教代会制度不够健全，学术委员会的议事规则不够规范，相关决议的效力不明。学者及学术组织缺少影响决策的制度化渠道，不能对行政权力形成有效制约，相关法律规章对学术权力的规定模糊、落实不力，导致学术权力的合法性和可操作性在实践中难以体现（钟秉林，2005）。

行政权力主导资源配置，学术资源分配失衡的现象普遍。在政府对高校的资源分配方面，高校财务高度依赖教育主管部门的行政指令（王苏琪，2010），高等教育管理中普遍实行“重点大学”“重点学科”“重点项目”“重点引进人才”等制度，这种“网络化的重点项目制度”，在有形无形之间强化了行政部门在高教领域的资源配置权，通过重点和非重点的划分，人为地制造资源分配的不均，重点项目本身成为影响学术组织和学术人员发展的重要稀缺资源，学术组织和学术人员在争夺这些“重点项目”的同时，对政府的依附程度不断加深。另外，各种重点项目的设立，也在原本相对扁平化的学术组织系统中创设出等级阶梯，并通过相应的学术评价制度产生的连锁效应，使这些等级阶梯日益制度化、定格化、身份化，致使行政场域中的等级制规则也日益成为学术场域的通则（冒荣，2011）。在高校内部资源分配方面，资源的配置权掌控在行政部门手中。在人力资源分配上，教研人员和行政管理人员比例失调，行政管理人员比例过大，有些高校行政管理人员占全校职工三分之二还多（王秋燕，2004），管理成本居高不下；在经费物资的分配上，基层学术管理组织没有经费分配权，经费预算由行政部门制定，因此往往向行政系统倾斜，造成了高校管理性资源的绝对膨胀和学术性资源的相对萎缩，教授代表的学术权力在资源配置上居于弱势，影响了高校教学科研等学术业务工作的正常开展（刘爱东，2008）。

学术机构融入行政体系，代表学术权力的功能虚置。高校学术机构出现行政化的趋向（袁祖望，2004；赵凤娟，2008）。各级学术机构中的席位基本由校院系三级行政领导和学校职能部门负责人担任，这些拥有学术权力的行政领导，虽然本身也是教授、学者，但在学术管理活动中基本以“行政官员”的身份出现，捍卫行政组织的利益。学术机构因此成为行政机构的附属物或挡箭牌，不仅难以代表学术权力维护学者权益，而且导致行政权力通过所控制的学术机构，以行政意志包办学术事务。

权力分配过于向上集中，基层学术单位的权能受限。集权是行政组织的基本特征之一，当高校管理中行政权力独大时，其管理体系也会呈现集权化的特征，权力重心上移，中下层权力过小。作为学术基层单位的院系权力受限（许建领，2001；肖应红，2004；谢安邦、阎光才，1998），大多数只能履行信息上报、参谋咨询、指令执行等职能，难以为学术组织和学术权力提供平等自治的民主氛围。

学术评价突出政绩倾向，数量胜于质量的观念泛滥。行政权力包办学术事务，导致行政考核的方式方法被套用于高校学术发展的评价中，评价指标“政绩”化（王苏琪，2010），多以占地规模、研究生数、重点学科数、博士点数、院士数、经费数、论文数、专利数等量化考核指标来评价学校的学术“实力”，这种量化考核的方法通过高校内部的行政系统层层分解，被运用于考核每一位学者的学术造诣上，导致学术研究急功近利，过分追求论文发表数量，忽视质量。

2.5.4.2 对行政权力与学术权力冲突的治理

对于如何协调高校行政权力与学术权力，学者们的意见主要集中在规范行政权力的运作机制、保障学术权力的有效行使、在行政权力和学术权力之间取得平衡这三个方面。

（1）规范行政权力的运作机制。主要观点包括落实高等学校办学自主权，理清政校关系（周光礼，2005；冯建明，2010），废除行政级别，消除官本位思想（陈笃彬，2001）；改变学术事务与行政事务不分的局面；完善党委领导下的校长负责制，实现高校内部党政权力的区分与协调（陈玉琨、戚业国，1999）。通过经费分配的中介化，打破完全由政府决定资金分配的局面，建立由多方利益相关者组成的中介性拨款机构。通过校长遴选的民主化，改变校长由行政部门任命的做法，建立由多方代表组成的校长遴选委员会，根据严格的标准和程序，以民主的方式遴选校长。通过高校评估的专业化，使高校评估不再由教育行政部门全权负责，而是大力培育和发展社会上的相关中介组织，由政府委托其对高校进行评估（马建生、孙珂，2010）。树立高校“服务行政”的价值观和绩效观，增强教师、学生等对行政部门和人员评价在绩效考核中的比重，提高行政人员服务意识和服务水平（毛成等，2010）。

（2）保障学术权力的有效行使。主要观点包括：提高学术权力在权力机构中的地位，建立正式的教授组织和机构，并从法规和制度上维护该组织的合法权力（谢安邦、阎光才，1998）；合理界定校、院、系的权限范围，推进管理重心下移和学术权力下放，强化基层学术单位的自主权（曹卫星等，2004；蔡贤榜，2006）；以学术权力的下放为主，行政权力下放为辅，学术权力的下放主要应包括基层学科和课程的调整与设置权、科研项目的管理权以及教师的聘用权等，而行政权力的下放，包括一定的资源分配权、机构的设置权以及一定的人事权等（谢安邦、阎光才，1998）；将咨询审议性学术机构转变为决策性学术机构（袁祖望，2004）；立法规定高校教代会的职责并确定教授代表的比例，以此确保教授参与学校重大问题决策的发言权和主动权；建立健全校务委员会制度，吸收适当教授代表参与学校行政事务的决策；通过对学术委员会职能及组织形式的适当改造，使之成为大学之学术事务的最高决策机构；建立专业委员会及学科委员会制度，以辅助学术委员会对专业性较强的学术事务做出决策（眭依凡，2001）；将学术权力制度化（寇东亮，2006）；通过大学章程对学术权力的构成、行使等作出制度化的规定与确认，使学术权力的行使有法可依，有章可循（胡建华，2007）。

（3）建立行政权力与学术权力的制衡机制。主要观点包括：权力适当分散，防止某一利益群体对权力的垄断（谢安邦、阎光才，1998）；明确界定学术权力与行政权力的职权范围（吴坚，2005；胡保利、赵惠莉，2008）；明确界定学术权力与行政权力的作用领域，强化学术民主制度建设，构建以学术和学科为中心的校院系三级管理运行机制（钟秉林，2005）。建立利益相关者协商机制，使各种不同的建议、价值、主张和争议都可以得到平等展示和关注（郝瑜、周光礼，2012）。

2.6　学术资源配置的原则标准

2.6.1　学术资源配置应当尊重科学研究活动的规律

学术资源配置的价值取向可以是多元的，政府着眼于提升国家实力，市场着眼于获取经济收益，但相对于科研事业的发展而言，无论是“促进国家发展”还是“带来经济收益”，都属于附加价值。学术资源配置首先作用于科研活动本身，若科研活动不能顺利展开，科研成果难以保障质量，那么所谓的促进国家发展、带动经济增长都将成为一纸空言。因此，学术资源配置的首要原则便是尊重科学研究发展的规律，保障科研活动的基本需求。目前，在配置学术资源中出现了“功利倾向”和“规划主义”，严重违背了科研活动的基本规律。科学研究具有长效性，许多研究成果所带来的影响是隐性的，其效益往往需经过时间沉淀才能显现，但目前在配置资源中的功利性倾向将过多资金注入马上“出成果”的领域，许多影响较为隐蔽的人文社科研究、能带来颠覆性创新的开拓性研究被忽视。另外，科学研究具有不确定性，探索未知领域的活动本身便是不可预见的，而目前资源配置中普遍存在的一种“规划主义”倾向，将科学研究的发展细化到每一个门类每一个项目，不仅荒谬而且危害甚大，从目前世界科学研究发展的趋势来看，许多重大的科研创新发生在不被重视边沿领域，片面强调“规划”实际上束缚了科研人员的创新潜能，有可能错失获得重大科学创新的宝贵机会。

2.6.2 学术资源配置应当回应社会经济发展的诉求

高校毕竟已不是与世隔绝的“象牙塔”，大学正常办学活动和科学研究事业发展离不开社会各界的资源投入。因此，在学术资源配置中必然要回应政府、市场等资源供给方对大学科研的利益诉求。高校的科学研究耗费了巨大的公共资源和市场资金，若不能对社会经济发展产生助推，而变成了学者自娱自乐的俱乐部，这显然是不可接受的。但值得强调的是，高校科学研究回应政府、市场的诉求并不代表学术研究就应当成为政府、市场的“奴隶”。让外部组织全盘掌控高校科研的做法，不仅会让大学失去独立性而消亡，而且与科学研究的基本规律相悖，正如前文所述，科学研究将被“功利主义”和“规划主义”绑架，偏离“追求真理”的正常轨道，到了这一步，学术研究活动也将失去其创新动力和独特价值，再难以满足各界对高校科研带动社会发展的期望。因此，学术资源配置应在尊重科学规律和满足外界诉求之间谋求一种动态平衡，在不伤损高校科研创新潜能的前提下，最大限度满足社会各界的利益诉求。

2.6.3　学术资源配置应当关注机会公平

学术资源配置中的机会公平原则可概括为有相同能力水平的学者在获取各种学术资源的机会大致相当。目前的学术资源配置中出现了“重资历轻能力”的倾向，不少学者凭借在学术界的深厚资历和广泛人脉在争取学术资源中占据了绝对优势。但资历深厚的学者年龄往往较大，按照个体的发展普遍规律来看，随着年龄的增长，思维方式日渐固化，人的创新能力也随之削弱，许多诺贝尔奖获得者都是在中青年时代做出突破性研究成果，到了老年获得重大创新的机会较小，而目前我国学术资源配置却向着有深厚资历、经验丰富的成名学者倾斜，殊不知这些功成名就的知名学者在创新能力上未必强于青年学者，这种以资历为导向的资源分配方式违背了机会公平原则，限制了青年学者科研潜能的发挥，而且带动了学术界“论资排辈”的不良习气，长此以往，对高校科研事业的整体发展将带来负面影响。

2.6.4　学术资源配置应当保障使用效率

学术资源配置的效率便是科研活动的投入产出之比。学术资源是稀缺的，在研究活动中理应充分发挥各类资源的功用，尽量提高资源的使用效率。但目前对于学术资源配置效率的认识过于浅表，行政主导的学术评价体系引入过多的量化指标用于评价学术资源配置的效率效益，其结果是过分注重有形的、能被量化的投入（如科研经费、固定资产等）和产出（如论文、专利等），忽视了科学研究中体制文化等隐性资源的关键作用，也未能考察科研产出的潜藏影响和长期效益，这种凸显行政思维和政绩导向的效率评价机制，不仅不能反映学术资源分配的真实效率，而且误导了学术资源配置的方向和结构，出现了轻视收益不明晰的人力投入，偏重可被量化的物力投入等问题。当务之急是让学术评价回归学术本身，设立由学术权力主导、行政权力监督的第三方评估组织，加强对科研项目的隐性投入、潜在效益的考察，从真正意义上保障科研活动的效率效益。

根据前文的理论分析，本书发现高校学术资源配置可分为高校外部（宏观）和高校内部（微观）两个层面，本书从上述两个方面入手，分析学术资源配置的现状及其问题。在宏观层面，通过统计分析比较不同类型高校之间学术资源配置的差异，分析高校科技经费收支结构变化之间的关联，评估课题奖项对高校人力、经费配置的影响。在微观层面，构建了行政权力、学术权力影响校内学术资源配置的模型，估算行政权力、学术权力对学术资源配置的影响效应。

第3章

高校宏观学术资源投入现状与配置机制的实证研究

高校作为资源依赖型组织，其科学研究职能的顺利履行依赖于政府、市场的资源供给，高校对政府、市场的资源依赖是政府权力、市场权力的影响高校学术研究活动的根基，在政府权力主导、多方权力博弈的情况下，不同权力主体采用不同形式对学术资源配置产生影响，直接导致高校科研经费收支的结构性变动，形成现有的学术资源分配格局，并深刻影响了高校学术科研活动。

为研究宏观学术资源配置中存在的规律和问题，首先要客观分析宏观学术资源配置的总量结构，这是研究学术资源配置深层次问题的前提；其次应将注意力集中在学术活动中的经费配置问题上，高校科研经费的变化是一个十分关键的参考指标，因为经费收入来源的变化将影响高校资源依赖关系的变化，进而改变不同权力主体对高校学术活动的影响方式和作用效力，而高校学术生产模式的变革最终将在经费支出的结构变化上体现出来。当然，仅仅观察有形学术资源的分布和变化是不够的，还需考察课题分配、科研评奖等无形资源在学术研究活动中所发挥的作用及其内在机理，以便于全面把握宏观层面学术资源配置的规律和问题。

3.1　研究问题与假设

本部分的实证研究着重回应以下几个问题：

（1）高校学术资源配置基本情况如何？

（2）高校科研经费收入来源与其支出的关系是什么？

（3）课题项目、科研奖项等如何对学术人力、财力资源的配置产生作用？

针对上述研究问题，本书提出以下几点假设：

（1）不同行政级别、政策待遇的高校，其学术人力、物力、财力等资源的配置存在显著差异。

（2）高校对政府（市场）科研经费存在资源依赖，政府（市场）科研经费所占比例的变化能显著影响经费的支出结构。

（3）课题项目数和科研获奖数等无形资源投入与高校学术研究人力、财力的投入存在显著关联。

3.2　研究方法与数据概况

3.2.1　研究对象与数据概况

根据上述研究问题与假设，本书选取了 2002 ~ 2017 年《高等学校科技统计资料汇编》《中国教育统计年鉴》《中国统计摘要》[①] 中的相关指标及其统计数据作为研究对象。

① 数据来源是各年度的《高等学校科技统计资料汇编》。

3.2.2　统计方法与研究工具

在统计方法上，根据具体的研究问题，综合运用了独立样本t检验、方差分析、面板数据模型、路径分析等统计方法。在描述学术资源配置基本状况时，主要通过计算总量及占比、比较均值（t检验、方差分析）等方法。在分析各种权力在配置不同类型学术资源的内在机制时，主要采用了面板数据模型和路径分析等方法。本书以STATA 12软件作为研究工具。

3.3　统计分析结果

3.3.1　高校学术资源配置的基本情况

1. 人力资源

（1）高校学术人力资源的总体规模与历史变化。

2002～2017年，本科层次高校教学科研人员从63.03万人增长到102.74万人，增幅63%；教学科研人员中的科学家与工程师从60.32万人增长到99.01万人，增幅64.14%；研究与发展人员从24.85万人增长到39.12万人，增幅57.42%；而R&D成果应用人员维持在4万～5万人，从4.78万人减少到4.59万人（见表3－1、图3－1）。由此看来，高校学术人力资源以教学科研人员为主力，面向市场应用的研究与发展人员增幅较小，致力于科研成果转化的R&D成果应用人员的规模不增反减。

表 3－1　2002～2017 年本科高校科学家与工程师情况

年度	高校数量（所）	教学与科研人员（万人）		研究与发展人员（万人）	R&D 成果应用人员（万人）
		小计（万人）	科学家与工程师（万人）		
2002	737	63.03	60.32	24.85	4.78
2003	713	64.52	62.02	26.31	5.25
2004	748	64.77	60.76	24.12	4.40
2005	786	68.62	64.76	26.00	4.23
2006	800	70.25	66.61	27.29	4.14
2007	786	72.76	69.20	28.40	4.62
2008	827	75.18	71.82	30.24	5.07
2009	988	79.63	76.13	31.58	4.57
2010	958	81.27	77.65	33.10	4.40
2012	974	83.58	80.27	33.86	3.97
2013	1036	86.12	82.64	34.79	4.29
2014	1071	89.08	85.55	35.99	4.42
2015	1146	92.00	88.43	36.95	4.45
2016	1497	97.92	94.22	38.11	4.31
2017	1805	102.74	99.01	39.12	4.59

资料来源：上述数据来自各年度《高等学校科技统计资料汇编》。

进一步分析教学科研人员和研究发展人员的校均规模变化情况，发现 2002～2007 年校均教学与科员人员大致维持在 850～900 人，而校均研究与发展人员大体在 330～360 人。2008 年由于统计口径的变化，纳入统计的高校数激增，校均教学与科研人员、研究与发展人员出现了一次较明显下降，随后 5 年间保持稳定，其中校均教学与科研人员约在 840 人，校均研究与发展人员约在 335 人。从 2015 年开始，由于新建本科院校数量增多，加上部分独立学院与母体高校脱钩，获得了独立办学资格，导致高校数有较大的增长，校均科研人员再次下降，其中校均教学与科研人员从803人下降到569人；研究与发展人员从322人下降至217人（详见图3－2）。

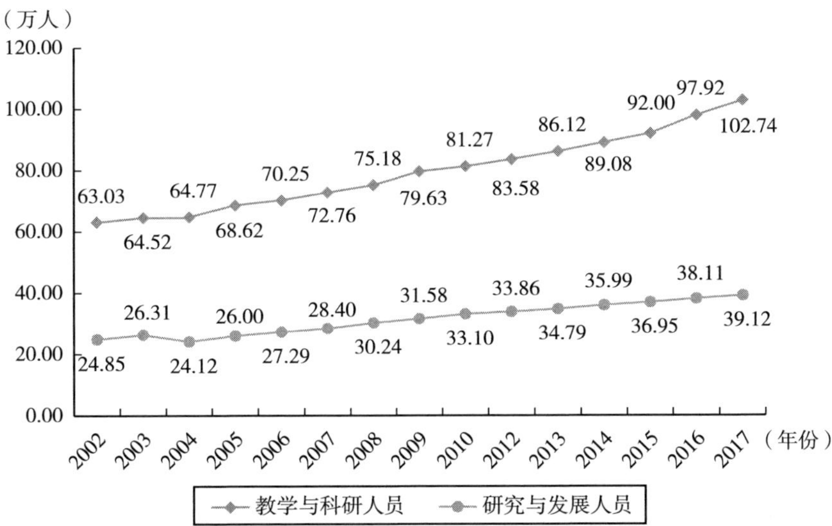

图3－1　2002～2017年高校教学科研人员与研究发展人员规模变化情况

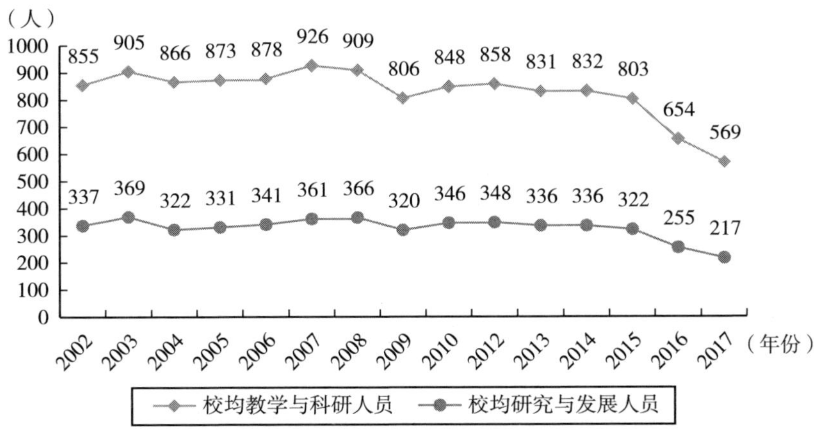

图3－2　2002～2017年高校教学科研人员与研究发展人员校均规模变化情况

从职称情况看，2002～2017年我国高校教学科研人员中教师系列（以下简称教师）规模稳步上升，从2002年的29.57万人增长到2017年的61.39万人，增幅达到了107.61%。同时，教师中副高以上职称所占比例保持在44%～48%，2002至2006年间略有下降，从46.7%降至44.73%，随后稳步上升，2017年达到47.32%（详见表3－2、图3－3）。

表3－2　2002～2017年高校从事教学科研工作的教师情况

年份	校数（所）	教师		
		合计（万人）	副高以上职称教师（万人）	副高以上职称教师占比（%）
2002	737	29.57	13.81	46.70
2004	748	33.03	15.07	45.63
2006	800	37.36	16.71	44.73
2008	827	40.64	18.27	44.96
2010	958	45.21	20.71	45.81
2012	974	46.36	21.57	46.52
2013	1036	48.37	22.74	47.02
2014	1071	50.40	23.90	47.42
2015	1146	52.67	25.00	47.47
2016	1497	57.74	27.05	46.84
2017	1805	61.39	29.05	47.32

注：“教师”是指高校教学与科研人员中“教师系列”的人员。

（2）不同类型高校学术人力资源结构。

2012～2017年，我国高校教师中副高以上职称占比大致稳定在

47%左右，不同类型高校的职称结构存在较大差异：重点院校[①]、部属院校[②]副高以上职称教师的占比从2012年的57%左右增长到2017年的63%左右。而地方院校副高以上职称教师的占比维持在42%至43%之间。这说明近年来相比重点院校和部属院校，地方院校师资中高级职称占比提升幅度有限（见表3-3）。

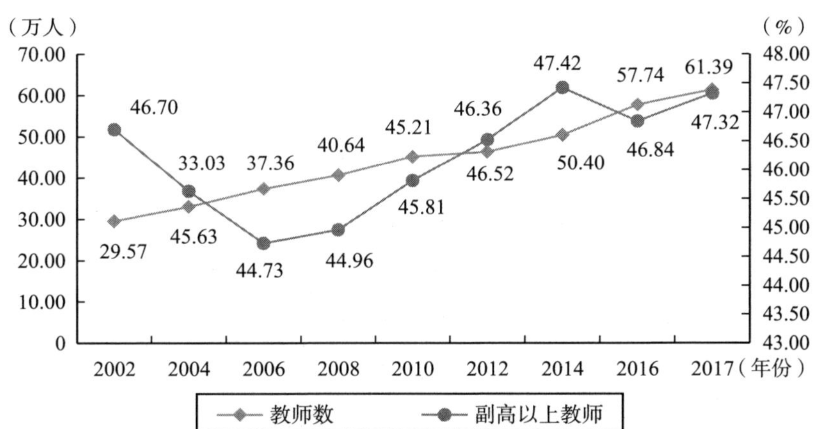

图3-3 2002~2017年高校教师规模及其中副高以上职称占比的变化情况

表3-3 不同类别高校教师的职称结构

	2012年	2013年	2014年	2015年	2016年	2017年
所有高校						
教师（万人）	46.36	48.37	50.40	52.67	57.74	61.39
其中：教授（%）	16.87	17.02	17.12	17.06	16.55	16.66
副教授（%）	29.65	30.00	30.30	30.42	30.29	30.66
高级职称教师（%）	46.52	47.02	47.42	47.47	46.84	47.32

① 2017年《高等学校科技统计资料汇编》中重点院校（"211"及省部共建高等学校）共有113所。

② 部属院校包括教育部直属高校和其他中央部委所属高校。

续表

	2012 年	2013 年	2014 年	2015 年	2016 年	2017 年
重点院校						
教师（万人）	14.80	15.32	15.87	16.14	16.56	16.26
其中：教授（%）	24.34	24.73	25.15	25.49	25.60	27.49
副教授（%）	32.66	33.19	33.72	33.92	34.22	35.53
高级职称教师（%）	57.00	57.92	58.86	59.41	59.82	63.02
部属院校						
教师（万人）	12.25	12.37	12.92	13.19	13.57	13.38
其中：教授（%）	24.87	25.60	25.75	26.14	26.31	28.11
副教授（%）	32.66	33.08	33.57	33.80	34.22	35.40
高级职称教师（%）	57.53	58.68	59.32	59.94	60.53	63.51
地方院校						
教师（万人）	34.11	36.01	37.47	39.48	44.17	48.02
其中：教授（%）	14.00	14.07	14.14	14.02	13.55	13.47
副教授（%）	28.57	28.94	29.18	29.29	29.09	29.34
高级职称教师（%）	42.56	43.01	43.32	43.31	42.64	42.81

注：重点院校是原“211 工程”和省部共建高校。

通过对比“双一流”建设高校和非“双一流”建设高校教学与科研人员中科学家与工程师的规模与职称结构，发现“双一流”建设高校虽然仅有 140 所，但其科学家与工程师在 2017 年已达到了 31.66 万人，约占全国的 37.14%。从科学家与工程师的校均人员数来看，“双一流”建设高校从 2012 年的 2539 人增长至 2017 年的 2616 人；同一时期，非“双一流”建设高校从 804 人减少至 624 人。在科学家与工程师中高级职称者所占比例上，两类高校均有所提高，其中“双一流”建设高校从 41.1% 提高到 44.83%，而非

“双一流”建设高校从35.4%提高到37.0%（详见表3-4）。由此可见，承担一流学科、一流大学建设任务的高校集中了超过三分之一的科研力量，校均规模是非“双一流”高校的四倍以上，且高级职称占比高出非“双一流”高校约7个百分点。

表3-4　“双一流”高校教学与科研人员中科学家与工程师情况

年份	总规模（万人）		校均人员（人）		高级职称占比（%）	
	“双一流”	非“双一流”	“双一流”	非“双一流”	“双一流”	非“双一流”
2012	29.96	43.79	2538.71	803.54	41.10	35.40
2013	30.10	45.37	2551.20	786.25	41.55	36.14
2014	30.99	47.03	2626.03	783.85	42.03	36.25
2015	31.93	48.02	2706.09	762.27	42.00	36.50
2016	31.75	51.20	2667.97	671.87	43.48	36.40
2017	31.66	53.58	2616.18	623.75	44.83	37.02

（3）不同类型本科高校科研人力资源投入各项指标的均值比较。

本书采用独立样本t检验分析了2012年和2017年重点院校与非重点本科院校、部属院校与地方院校、“双一流”建设高校与非“双一流”建设高校之间在科研人力投入各项之间的差异。发现在所有年度、所有指标上，上述高校均存在显著性差异。

重点院校为原“211工程”和省部共建高校，在教学与科研人员、研究与发展人员、研究与发展全时人员、课题当年投入人数、高级科学家与工程师所占比例等指标上显著地高于其他非重点本科院校。相对于2012年，2017年重点院校和非重点本科院校在各项指标的倍率有所扩大，其中教学与科研人员从3.25倍扩大到4.22倍，研究与发展人员、研究与发展全时人员从4.34倍增长到5.86倍，课题当年投入人数从4.51倍扩大到6.24倍，高级职称科学家与工程师所占比例从 1.24 倍提高到 1.41 倍。这说明近年来，重点院校与非重点本科院校在科技人力投入上的差距拉大（见表 3－5）。

表 3－5　2012 年、2017 年重点院校与非重点本科院校在科研人力投入上的差异

指标	重点院校	非重点本科院校	二者倍率	t 检验显著性
2012 年				
教学与科研人员（人）	2756.30	847.39	3.25	<0.001
研究与发展人员（人年）	1395.46	321.52	4.34	<0.001
研究与发展全时人员（人）	1116.87	257.24	4.34	<0.001
课题当年投入人数（人）	1061.33	235.34	4.51	<0.001
高级科学家与工程师所占比例（%）	46.18	37.36	1.24	<0.001
2017 年				
教学与科研人员（人）	2777.90	658.40	4.22	<0.001
研究与发展人员（人年）	1424.76	243.17	5.86	<0.001
研究与发展全时人员（人）	1139.77	194.47	5.86	<0.001
课题当年投入人数（人）	1098.43	175.95	6.24	<0.001
高级科学家与工程师所占比例（%）	50.31	35.73	1.41	<0.001

注："高级科学家与工程师所占比例"是高校教学科研人员的科学家和工程师中高级职称所占比例。"二者倍率"是指"211 工程"及省部共建高等学校除以"非重点本科院校"的倍率，t 检验的显著性呈现了 t 检验的 p 值，t 检验已根据方差齐性检验结果进行了修正，下表同。

部属院校在教学与科研人员、研究与发展人员、研究与发展全时人员、课题当年投入人数、高级科学家与工程师所占比例等指标上显著地高于非部属本科院校。相对于 2012 年，2017 年部属院校和非部属院校在各项指标的差距均有所扩大，其中教学与科研人员从 3.15 倍扩大到 4.09 倍，研究与发展人员、研究与发展全时人员从 4.37 倍增长到 5.82 倍，课题当年投入人数从 4.5 倍扩大到 6.02 倍，高级职称科学家与工程师所占比例从 1.24 倍提高到 1.39 倍。

这说明在行政隶属关系上层级较高的院校科技人力资源更为充沛（见表3-6）。

表3-6　2012年、2017年部属院校与地方院校在科研人力投入上的差异

指标	部属院校	地方院校	二者倍率	t检验显著性
2012年				
教学与科研人员（人）	2870.19	909.99	3.15	<0.001
研究与发展人员（人年）	1519.50	348.04	4.37	<0.001
研究与发展全时人员（人）	1216.25	278.45	4.37	<0.001
课题当年投入人数（人）	1153.29	256.24	4.50	<0.001
高级科学家与工程师所占比例（%）	46.77	37.64	1.24	<0.001
2017年				
教学与科研人员（人）	2883.64	704.93	4.09	<0.001
研究与发展人员（人年）	1535.33	263.95	5.82	<0.001
研究与发展全时人员（人）	1228.25	211.10	5.82	<0.001
课题当年投入人数（人）	1167.52	193.90	6.02	<0.001
高级科学家与工程师所占比例（%）	50.14	36.14	1.39	<0.001

“双一流”建设高校在教学与科研人员、研究与发展人员、研究与发展全时人员、课题当年投入人数、高级科学家与工程师所占比例等指标上显著地高于非“双一流”建设高校。相对于2012年，2017年“双一流”建设高校和非“双一流”建设高校在各项指标的倍率均扩大了，其中教学与科研人员从3.21倍扩大到4.25倍，研究与发展人员、研究与发展全时人员从4.3倍增长到6.03倍，课题当年投入人数从4.45倍扩大到6.36倍，高级职称科学家与工程师所占比例从1.22倍提高到1.4倍（见表3-7）。

表 3 -7 2012 年、2017 年“双一流”建设高校与其他高校在科研人力投入上的差异

指标	“双一流”高校	其他高校	二者倍率	t 检验显著性
2012 年				
教学与科研人员（人）	2670.44	830.95	3.21	<0.001
研究与发展人员（人年）	1344.92	312.75	4.30	<0.001
研究与发展全时人员（人）	1076.38	250.23	4.30	<0.001
课题当年投入人数（人）	1020.34	229.06	4.45	<0.001
高级科学家与工程师所占比例（%）	45.61	37.32	1.22	<0.001
2017 年				
教学与科研人员（人）	2737.54	644.34	4.25	<0.001
研究与发展人员（人年）	1411.46	234.04	6.03	<0.001
研究与发展全时人员（人）	1129.12	187.17	6.03	<0.001
课题当年投入人数（人）	1080.80	169.84	6.36	<0.001
高级科学家与工程师所占比例（%）	49.77	35.67	1.40	<0.001

2. 物力资源

2014～2016 年，普通高校固定资产总值（学校产权）从 16209.84 亿元增长到 19450.06 亿元，年增长率达到 9.54%。固定资产中的教学科研仪器设备资产值从 3607.29 亿元增长到 4462.11 亿元，年增长率 11.22%，每年新增的教学仪器设备资产值约占教学科研仪器设备资产值的 12%左右（见表 3 -8）。

表 3 -8 2014～2016 年普通高校固定资产（学校产权）

指标	2014 年	2015 年	2016 年	年增长率（%）
固定资产总值（亿元）	16209.84	17722.72	19450.06	9.54
教学科研仪器设备资产值（亿元）	3607.29	4006.25	4462.11	11.22

续表

指标	2014 年	2015 年	2016 年	年增长率（%）
当年新增教学科研仪器设备资产值（亿元）	448.70	478.59	541.88	9.89
当年新增教学科研仪器设备资产占比（%）	12.44	11.95	12.14	—

2014～2016 年，普通高校固定资产总值（非学校产权独立使用）从 784.91 亿元增长到 1112.41 亿元，年增长率达到 19.05%。固定资产中的教学科研仪器设备资产值从 51.2 亿元增长到 53.31 亿元，年增长率 2.04%（见表 3－9）。

表 3－9　2014～2016 年普通高校固定资产（非学校产权中独立使用）

指标	2014 年	2015 年	2016 年	年增长率（%）
固定资产总值（亿元）	784.91	910.07	1112.41	19.05
教学科研仪器设备资产值（亿元）	51.20	52.35	53.31	2.04
当年新增教学科研仪器设备资产值（亿元）	3.98	6.20	4.32	4.18
当年新增教学科研仪器设备资产占比（%）	7.78	11.85	8.11	—

3. 财力资源

（1）高校科研经费的规模总量与历史变化。

2002～2017 年，高校科技经费收入和支出规模平稳增长，科技经费拨入总额从 2002 年的 219.63 亿元增长到 2017 年的 1537.01 亿元，年增长率 13.85%，支出总额从 188.44 亿元增长到 1364.63 亿元，年增长率 14.11%。虽然科技经费支出的增长率略高，但科技支出总额常年小于拨入总额，经费执行率（支出占收入的百分比）大致在 85% 至 92% 之间，说明科技经费执行效率有进一步提高的可能性（详见表 3－10）。

表 3 –10　高校科技经费收支情况

年份	科技经费拨入总额（亿元）	校均科技经费拨入（万元）	科技经费支出总额（亿元）	校均科技经费支出（万元）	执行率（%）
2002	219. 63	3151. 15	188. 44	2703. 58	85. 80
2004	344. 40	4704. 88	295. 15	4032. 11	85. 70
2006	457. 28	5855. 05	407. 95	5223. 38	89. 21
2008	654. 52	8021. 08	575. 77	7056. 02	87. 97
2010	940. 28	9856. 17	818. 48	8579. 41	87. 05
2012	1030. 22	10631. 80	930. 06	9598. 17	90. 28
2014	1222. 69	11513. 09	1118. 16	10528. 84	91. 45
2016	1356. 12	9250. 49	1244. 86	8491. 55	91. 80
2017	1537. 01	8733. 04	1364. 63	7753. 55	88. 78

从校均科技经费收支的历史变化来看，大体趋势是先升后降（详见图 3 –4）。2014 年之前，校均科技经费拨入和支出平稳上升，分别从 2002 年的 3151. 15 万元、2703. 58 万元增长到 2014 年的 11513. 09 万元、10528. 84 万元；2014 年后校均科技经费拨入和支出有所下降，2017 年分别为 8733. 04 万元、7753. 55 万元。

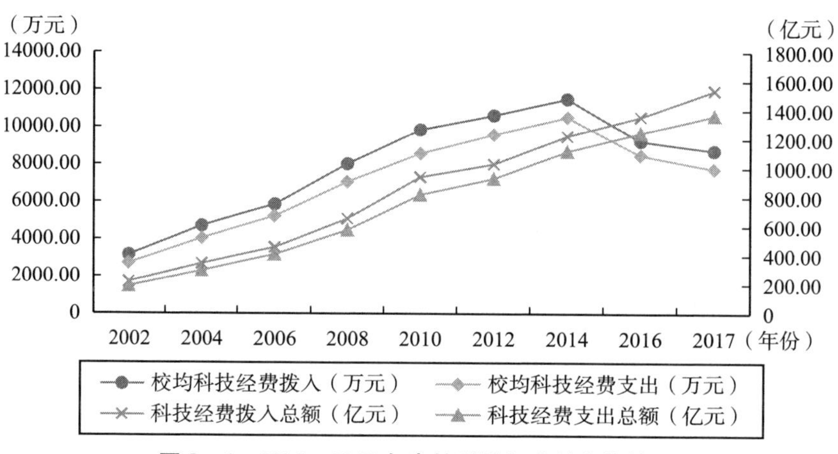

图 3 –4　2002 ~2017 年高校科技经费的变化情况

（2）不同类型高校科研经费的收入变化。

从2002年至2017年高校科技经费各项收入占比的历史变化来看，来自政府部门专项费的占比越来越大，而科研事业费、企事业单位委托经费的占比逐年缩小（详见表3－11）。从2012至2017年间科技经费收入渠道所占的比例来看，“政府部门专项费”“各种收入转为科技经费”的比例稳步上升，分别从2002年的52.99%、4.83%提高到2017年的58.61%、6.50%，说明政府补贴和高校筹集的科技经费占比提高了。同一时期，“企事业单位委托经费”占比有较大幅度的下降，从2012年的35.66%减少至2017年的28.54%，说明企事业单位对高校科技发展的资助力度减弱。科研事业费的占比从2002年的13.8%下降到2017年的5.2%，说明科技经费中的非竞争性运转经费占比持续下降（见表3－11）。

表3－11　　2002～2017年科技经费收入来源结构变化　　单位：%

年份	科研事业费	政府部门专项费	企事业单位委托经费	各种收入转为科技经费	其他
2002	13.81	38.30	39.60	4.29	4.00
2004	9.08	41.01	41.82	5.31	2.78
2006	7.60	43.10	41.44	6.11	1.75
2008	6.70	49.46	37.31	5.26	1.26
2010	5.65	54.50	33.91	4.97	0.97
2012	5.49	52.99	35.66	4.83	1.03
2014	5.41	54.13	34.38	5.12	0.96
2016	5.85	57.29	30.51	5.46	0.89
2017	5.16	58.61	28.54	6.50	1.18

2012～2017年，高校校均科技经费收入呈现出先升后降的趋势。

2012～2015 年间，校均科技经费收入都在 1 亿元以上，并从 1.06 亿元提高到 1.10 亿元，从 2016 年开始，校均科技经费收入开始下降，2017 年减少到 8733 万元，降幅约 17.86%，其中以科研事业费、企事业单位委托经费的降幅较大，分别降低了 22.75%、34.25%，合计减少经费约 1431 万元。研究同时发现，2017 年各种收入转为科技经费的校均值比 2016 年增长了 63 万元，增幅达到 12.48%，为应对科研事业费和企事业单位委托经费的减少，高校自筹经费、挪用其他经费以弥补科研经费的不足（见表 3－12）。

表 3－12　2012～2017 年校均科技经费收入变化情况　单位：万元

年份	经费总额	科研事业费	政府部门专项费	企事业单位委托经费	各种收入转为科技经费	其他
2012	10631.80	583.72	5633.51	3791.33	514.03	109.21
2013	11417.91	590.32	6328.05	3822.58	568.20	108.77
2014	11513.09	622.52	6231.88	3958.70	589.62	110.37
2015	11030.79	565.34	5959.67	3744.34	619.74	141.71
2016	9250.49	540.89	5299.58	2822.22	505.00	82.79
2017	8733.04	450.91	5118.20	2492.71	568.03	103.18

2012～2017 年，高校科技经费收入中的“政府部门专项费”“各种收入转为科技经费”所占比例有所上升，其中以政府部门专项费占比上升幅度较大，重点院校从 55.7% 提高到 60.9%，非重点本科院校从 46.7% 提高到 53.9%。另外，重点院校和非重点本科院校之间的收入结构存在较大差异，2012～2017 年，非重点本科院校的科研事业费所占比例比重点院校高出近 3%，而政府部门专项经费所占比例比重点院校低 7%～8%。两类高校企事业单位委托经费所占比例在 2012 年的差距不大，非重点本科院校比重点院校低 2%，但到 2017 年这一差距扩大到了接近 7%，说明重点院校在吸引企事业单位投入

方面的能力强于非重点本科院校。此外，非重点本科院校“各种收入转为科技经费”所占比例比重点院校高出约7%～10%，说明非重点本科院校通过自筹经费、挪用其他经费来弥补与重点院校在科研经费上的差距（见表3-13）。

表3-13　2012～2017年不同规格学校各项收入所占百分比的变化情况

单位：%

收入项目	学校类型	2012年	2013年	2014年	2015年	2016年	2017年
科研事业费	重点	4.67	4.26	4.60	4.25	5.13	4.23
	非重点	7.40	7.23	7.16	6.98	7.40	7.09
政府专项费	重点	55.68	58.41	56.17	55.49	59.08	60.90
	非重点	46.72	48.63	49.70	50.94	53.38	53.85
企事业单位委托经费	重点	36.05	33.90	35.90	36.18	32.41	30.75
	非重点	34.75	32.53	31.10	29.22	26.35	23.97
各种收入转为科技经费	重点	2.56	2.54	2.47	2.90	2.63	3.14
	非重点	10.13	10.50	10.86	11.36	11.64	13.48
其他	重点	1.04	0.89	0.85	1.18	0.74	0.98
	非重点	0.99	1.10	1.19	1.51	1.24	1.61

注：2008年之后，“重点院校”特指“211工程”及省部共建高等学校。

重点院校的校均经费收入明显高于非重点本科院校，且两类高校的差距有拉大的趋势。2012至2017年间，重点院校校均科技经费收入从66697.63万元增长到91729.24万元，非重点本科院校从5461.23万元增长到5645.80万元，重点院校与非重点本科院校之间的差距从12.21倍扩大到16.25倍。2017年，重点院校的校均科研事业费是非重点本科院校的10.12倍，政府部门专项费是非重点本科院校的18.12倍，企事业单位委托经费是非重点本科院校的20.85倍，各种收入转为科技经费是非重点本科院校的3.92倍。尤其值得注意的是，非重点本科院校的校均科研事业费、企事业单位委托经费出现了负增长，分别从 390. 32 万元、1905. 02 万元减少至 383. 33 万元、1353. 15 万元，同一时期，各项收入转为科技经费的校均值却实现大幅增长，从 546. 84 万元增长到 734. 37。再次说明非重点本科院校主动筹集经费来弥补科技经费的不足（见表 3 – 14）。

表 3 – 14　2012 ~ 2017 年不同规格高校校均科技经费拨款变化情况

年份	拨入经费总额	科研事业费	政府部门专项经费	企事业单位委托经费	各种收入转为科技经费	其他
重点院校校均科技经费（万元）						
2012	66697. 63	3113. 18	37138. 74	24046. 45	1704. 81	694. 45
2017	91729. 24	3881. 19	55867. 22	28207. 53	2877. 53	895. 78
非重点本科院校校均科技经费（万元）						
2012	5461. 23	390. 32	2564. 92	1905. 02	546. 84	54. 13
2017	5645. 80	383. 33	3083. 33	1353. 15	734. 37	91. 62
重点院校校均经费相对于非重点本科院校的倍数						
2012	12. 21	7. 98	14. 48	12. 62	3. 12	12. 83
2017	16. 25	10. 12	18. 12	20. 85	3. 92	9. 78

2012 ~ 2017 年，部属院校与地方院校的科研事业费、企事业单位委托经费所占比例均有所下降，而政府部门专项费、各种收入转为科技经费的比例有所上升。从两类高校收入结构的差异来看，地方院校科研事业费所占比例比部属院校高出 2% ~ 3%，“各种收入转为科技经费”所占比例比部属院校高出 7% ~ 10%。地方院校的“政府部门事业费”所占比例明显小于部属院校，两者相差 6% ~ 9%。2012 年，两类高校企事业单位委托经费所占比例差距不大，均占 35% 左右，但 2017 年部属院校企事业单位委托经费所占比例比地方院校高出了 5. 68%。这说明部属院校吸引企事业单位投资的能力更强（见表 3 – 15）。

表3-15 2012~2017年不同隶属关系学校收入来源结构变化情况 单位：%

收入项目	学校类型	2012年	2013年	2014年	2015年	2016年	2017年
科研事业费	部属院校	4.59	4.25	4.66	4.28	5.29	4.23
	地方院校	7.12	6.76	6.64	6.47	6.75	6.66
政府部门专项费	部属院校	56.05	58.93	56.23	55.30	58.78	61.18
	地方院校	47.47	49.41	50.68	52.01	54.85	54.50
企事业单位委托经费	部属院校	35.92	33.68	36.05	36.66	32.85	30.73
	地方院校	35.19	33.14	31.65	29.62	26.68	25.05
各种收入转为科技经费	部属院校	2.33	2.22	2.17	2.51	2.30	2.84
	地方院校	9.33	9.71	9.96	10.57	10.63	12.35
其他	部属院校	1.10	0.93	0.89	1.25	0.78	1.02
	地方院校	0.89	0.99	1.07	1.33	1.09	1.44

从部属院校和地方院校的校均科技经费收入来看，2012~2017年，部属院校从约7.28亿元增长到约10.16亿元，而地方院校从4192.86万元下降到3552.21万元，两类高校的差距明显扩大了，部属院校校均科技经费相对于地方院系的倍率从17.35∶1扩大到28.6∶1。其中，部属院校与地方院校的校均“企事业单位委托经费”从17.71∶1扩大到35.08∶1，校均“政府部门专项费”从20.49∶1扩大到32.11∶1，校均“科研事业费”11.19∶1扩大到18.16∶1，“各种收入转为科技经费”从4.34∶1扩大到6.58∶1（见表3-16）。

表3-16 2012年与2017年不同隶属关系高校校均科技经费拨款变化情况

年份	拨入经费总额	科研事业费	政府部门专项费	企事业单位委托经费	各种收入转为科技经费	其他
部属院校校均科技经费拨款（万元）						
2012	72756.92	3337.25	40783.59	26134.14	1698.37	803.57
2017	101597.89	4294.57	62160.48	31222.38	2885.11	1035.35

续表

年份	拨入经费总额	科研事业费	政府部门专项费	企事业单位委托经费	各种收入转为科技经费	其他
地方院校校均科技经费拨款（万元）						
2012	4192.86	298.33	1990.39	1475.62	391.28	37.24
2017	3552.21	236.47	1935.88	889.92	438.76	51.18
部属院校相对于地方院校的倍率						
2012	17.35	11.19	20.49	17.71	4.34	21.58
2017	28.60	18.16	32.11	35.08	6.58	20.23

按学校类型来分，比较常见的包括综合大学、工科类院校、农林类院校、医药类院校和师范类院校等，我们分析了上述五类高校的科技经费收入结构，发现 2012 ~ 2017 年，五类高校的科研事业费所占比例都有所下降；除医药类院校之外，其他四类高校的政府部门专项费、各种收入转为科技经费所占比例都有不同程度的上升，而企事业单位委托经费所占比例则有所下降。2017 年，各类高校的政府部门专项经费所占比例都在 50% 以上，企事业单位委托经费所占比例都在 40% 以下。工科院校由于与企业、行业的关系较密切，获得的科研经费中企事业委托经费占比较大，近年来虽然有较大幅度下降，但仍有接近 39%（38.92%）的经费为企事业单位经费（见表 3 - 17）。

表 3 - 17　2002 ~ 2017 年不同学科类型高校收入结构比较　单位：%

学校类型	年份	科研事业费	政府部门专项费	企事业单位委托经费	各种收入转为科技经费	其他
综合大学	2012	5.19	59.55	30.42	3.93	0.91
	2017	4.70	64.79	23.43	6.38	0.71
理工类院校	2012	4.41	44.29	46.19	3.92	1.19
	2017	4.19	50.32	38.92	5.10	1.47

续表

学校类型	年份	科研事业费	政府部门专项费	企事业单位委托经费	各种收入转为科技经费	其他
农林类院校	2012	7.13	73.17	14.60	4.22	0.88
	2017	5.72	74.94	13.23	4.46	1.65
医药类院校	2012	13.04	69.39	5.30	11.73	0.54
	2017	11.80	66.38	6.41	14.34	1.07
师范类院校	2012	9.54	57.88	17.42	14.41	0.75
	2017	8.21	62.87	14.27	13.23	1.42

（3）不同类型高校科研经费的支出变化。

从支出结构的历史变化来看，高校科研经费以业务费为主体，历年科研经费中业务费的占比保持在50%左右，有三个比较明显的趋势：一是固定资产购置费先升后降，从2002年的12.67%增至2004年的19.15%，随后一直保持在17%～19%；二是科研人员费先降后升，从2002年的18.87%逐步下降到2014年的13.58%，随后回升至14%～16%；三是转拨给外单位的经费有所上升，从2002年的5.79%上升至2010年的10.33%，随后该比例逐年回落，但仍维持在8%左右（见表3－18）。

表3－18　2002～2017年科技经费支出去向结构变化　单位：%

年份	科研人员费	业务费	固定资产购置费	上缴税金	其他	转拨给外单位经费
2002	18.87	50.83	12.67	0.96	10.88	5.79
2004	17.34	46.79	19.15	1.33	9.14	6.25
2006	16.81	47.83	18.77	1.28	8.10	7.21
2008	15.83	48.11	18.80	1.24	6.87	9.16
2010	14.27	49.59	16.94	1.28	7.59	10.33
2012	14.51	50.33	18.23	1.47	7.13	8.32

续表

年份	科研人员费	业务费	固定资产购置费	上缴税金	其他	转拨给外单位经费
2013	13.77	51.36	17.69	1.36	7.41	8.42
2014	13.58	51.91	17.83	1.28	6.89	8.52
2015	14.34	52.27	17.26	1.36	7.24	7.53
2016	14.35	52.53	17.95	1.39	6.38	7.41
2017	15.49	51.00	17.71	1.25	6.25	8.31

从2012～2017年重点院校和其他非重点本科院校在科技经费支出结构的差异来看，重点院校与其他非重点本科院校在科研人员费、业务费、上缴税金等方面的差异不大，但在固定资产购置费占比方面，其他本科非重点本科院校明显高于重点院校，且二者的差距在拉大，2012年非重点本科院校的固定资产购置费比例比重点院校高出约6个百分点，而2017年二者差距已扩大到了接近9个百分点，这说明非重点本科院校科研投入仍偏重物力投入，科研经费中仍有较大比例用于购置科研仪器设备。此外，2012年以来，重点院校转拨给外单位的经费占比维持在9%左右，高出非重点本科院校4～6个百分点，说明重点院校科技经费较宽裕，有较多经费开展与外单位的合作研究（见表3－19）。

表3－19　2012～2017年不同规格学校科技经费支出结构变化情况　单位：%

支出项目	学校类型	2012年	2013年	2014年	2015年	2016年	2017年
科研人员费	重点院校	14.16	13.58	13.18	14.32	14.01	15.27
	其他本科	15.21	14.00	14.28	14.17	14.73	15.59
业务费	重点院校	50.63	51.63	52.52	53.32	53.56	51.99
	其他本科	49.77	51.05	50.84	50.33	50.59	49.39
固定资产购置费	重点院校	16.34	15.74	15.37	14.44	15.69	14.80
	其他本科	22.58	21.83	23.02	23.03	22.67	23.35

续表

支出项目	学校类型	2012 年	2013 年	2014 年	2015 年	2016 年	2017 年
上缴税金	重点院校	1.48	1.32	1.17	1.30	1.34	1.13
	其他本科	1.44	1.43	1.50	1.50	1.50	1.49
其他	重点院校	7.65	7.87	7.64	7.97	6.86	6.69
	其他本科	5.88	6.42	5.23	5.68	5.41	5.40
转拨给外单位经费	重点院校	9.73	9.86	10.12	8.65	8.54	10.14
	其他本科	5.12	5.27	5.14	5.29	5.09	4.77

从不同隶属关系高校的支出结构变化来看，部属院校与地方院校的差异同样体现在固定资产购置费占比和转拨给外单位经费占比这两个指标上。部属院校固定资产购置费占比明显低于地方院校，部属院校的固定资产购置费占比逐年下降，从约 15.6% 减少至约 14.1%，而地方院校的固定资产购置费占比从约 22.9% 上升至约 23.2%。转拨给外单位经费的占比上，部属院校维持在 10% 左右，而地方院校维持在 5% 左右（见表 3－20）。

表 3－20　2012～2017 年不同隶属关系高校科技经费支出来源结构变化情况

单位：%

支出项目	学校类型	2012 年	2013 年	2014 年	2015 年	2016 年	2017 年
科研人员费	部属院校	14.21	13.50	13.37	14.49	14.22	15.44
	地方院校	15.05	14.21	13.91	14.11	14.55	15.56
业务费	部属院校	50.58	51.61	52.06	52.92	53.54	51.88
	地方院校	49.89	50.95	51.66	51.24	50.92	49.68
固定资产购置费	部属院校	15.59	14.87	14.58	13.78	14.95	14.07
	地方院校	22.92	22.35	23.00	22.70	22.71	23.17
上缴税金	部属院校	1.48	1.25	1.15	1.27	1.27	1.01
	地方院校	1.46	1.55	1.48	1.50	1.58	1.61

续表

支出项目	学校类型	2012 年	2013 年	2014 年	2015 年	2016 年	2017 年
其他	部属院校	8.02	8.32	8.04	8.38	7.00	6.94
	地方院校	5.55	5.90	5.06	5.44	5.39	5.20
转拨给外单位经费	部属院校	10.13	10.46	10.79	9.15	9.02	10.66
	地方院校	5.13	5.04	4.90	5.00	4.84	4.78

从不同学科类型高校的支出结构看，2012~2017 年，各类高校并没有特定变化规律，业务费的占比大多超过了 50%，工科类、师范类院校的科研人员费、固定资产购置费占比略有上升。综合类、农林类院校转拨给外单位的经费有所上升（见表 3-21）。

表 3-21　2012 年和 2017 年不同学科类型院校科技经费支出结构变化情况

单位：%

学校类型	年份	科研人员费	业务费	固定资产购置费	上缴税金	其他	转拨给外单位经费
综合大学	2012	15.57	47.86	19.38	1.43	7.99	7.77
	2017	15.22	50.94	16.79	1.36	6.90	8.79
工科院校	2012	14.04	51.40	16.62	1.68	7.21	9.04
	2017	15.98	51.24	17.31	1.28	6.23	7.95
农林院校	2012	10.17	56.98	15.13	0.90	5.86	10.97
	2017	11.57	53.80	13.36	0.80	4.97	15.50
医药院校	2012	17.71	47.28	23.66	0.65	4.61	6.09
	2017	15.77	51.14	21.21	0.80	6.02	5.07
师范院校	2012	14.63	50.50	25.91	1.16	4.45	3.35
	2017	17.00	44.83	28.85	1.40	4.28	3.64

从研究与发展经费的支出结构来看，2002~2017 年，应用研究支出明显下降（文中数据保留小数点后一位），从 55.7% 减少到

48.7%，基础研究支出所占比例有较大幅度上升，从18.8%增长到39.0%，试验发展支出所占大幅下降，从25.5%减少到12.3%，2017年基础研究支出约为试验发展支出的3倍。2002年以来，重点院校的基础研究支出比例从20.1增加到41.0%，而非重点本科院校从15.2%增加到35.1%，15年来，非重点本科院校基础研究支出比例与重点院校的差距一直保持在5%左右，但非重点本科院校基础研究支出比例的增幅达到了130.88%，高于重点院校的104.09%，这说明非重点本科院校在基础研究方面的投入虽比不上重点院校，但也在迎头追赶。同样的，地方院校与部属院校在基础研究支出比例上的差距在15年间有所缩小，2002年部属院校基础研究支出比例为20.1%，高出地方院校（15.3%）接近5个百分点，2017年部属院校基础研究支出比例为39.9%，而地方院校则为37.5%，二者相差不到2.5个百分点。从学校类型来看，医药类、师范类高校的基础研究支出占比超过了50%，2017年分别为59.3%、53.9%，而工科院校、农林院校的基础研究支出占比不超过40%，2017年分别为30.6%、35.5%。但从增幅情况来看，工科院校基础研究支出的增幅最大，从2002年的13.6%增加到2007年的30.6%，增幅约124.91%，其次是综合类院校，从2002年的25.63%增加到2017年的48.16%，增幅约87.90%（见表3－22）。

表3－22　2002～2017年不同类型高校研究与发展经费支出结构变化

单位：%

学校类型	年份	基础研究	应用研究	试验发展
所有院校	2002	18.78	55.71	25.51
	2012	30.84	54.20	14.96
	2017	39.02	48.67	12.31
学校规格				
重点院校	2002	20.07	53.83	26.10
	2012	31.51	53.54	14.95
	2017	40.96	46.87	12.17

续表

学校类型	年份	基础研究	应用研究	试验发展
学校规格				
非重点本科院校	2002	15.22	60.74	24.03
	2012	29.45	55.52	15.03
	2017	35.14	52.20	12.65
隶属关系				
部属院校	2002	20.07	53.63	26.30
	2012	31.27	53.60	15.13
	2017	39.86	47.36	12.78
地方院校	2002	15.26	61.36	23.38
	2012	29.97	55.41	14.62
	2017	37.48	51.08	11.44
学科类型				
综合大学	2002	25.63	45.85	28.52
	2012	40.10	44.42	15.48
	2017	48.16	42.31	9.53
工科院校	2002	13.61	59.60	26.79
	2012	22.44	60.99	16.57
	2017	30.61	54.12	15.28
农林院校	2002	25.02	57.96	17.02
	2012	32.50	59.92	7.57
	2017	35.52	52.40	12.08
医药院校	2002	34.17	57.98	7.85
	2012	50.96	42.87	6.17
	2017	59.30	36.60	4.10
师范院校	2002	45.79	44.74	9.47
	2012	44.33	45.20	10.47
	2017	53.93	37.42	8.65

（4）2017 年不同类型本科高校科研财力资源投入差异的显著性检验。

为进一步分析不同类型高校在科研财力投入上的差异，本书以 2017 年 980 所本科院校在科研财力投入上的相关数据为研究对象，运用独立样本 t 检验和方差分析比较不同组别高校之间在财力投入上的差异。

t 检验的结果表明，2017 年重点院校与非重点本科院校在各项科研财力指标上都存在显著差异，具体来说，重点院校的科技经费拨入相当于非重点本科院校的 16.1 倍，政府科技拨款接近非重点本科院校的 17.5 倍，企事业单位科技经费相当于非重点本科院校的 20 倍，政府科技经费所占比例约是非重点本科院校的 1.1 倍，企事业单位科技经费所占比例约是非重点本科院校的 1.9 倍，人均科技经费投入相当于非重点本科院校的 4.9 倍，人均政府科技经费相当于非重点本科院校的 5.3 倍，人均企事业单位科技经费相当于非重点本科院校的 6.6 倍，技术转让带来的收入相当于非重点本科院校的 10.8 倍（见表 3－23）。①

表 3－23　2017 年重点院校与非重点本科院校在科研财力指标上的差异

指标	重点院校	非重点院校	二者倍率	t 检验显著性
科技经费拨入（万元）	87917.79	5452.86	16.12	<0.001
政府科技经费（万元）	59744.90	3419.03	17.47	<0.001
企事业单位科技经费（万元）	24400.74	1219.12	20.02	<0.001
政府科技经费所占比例（%）	69.04	60.98	1.13	<0.001
企事业科技经费所占比例（%）	24.96	13.48	1.85	<0.001
人均科技经费拨入（万元）	31.01	6.37	4.87	<0.001
人均政府科技经费拨入（万元）	20.80	3.92	5.30	<0.001

① 此处计算的政府科技经费所占比例、企事业科技经费所占比例等高校科研财力指标均为各类高校相关指标的平均值，与前文中相似指标的计算公式不一致，故略有差异。

续表

指标	重点院校	非重点院校	二者倍率	t 检验显著性
人均企事业科技经费拨入（万元）	8.84	1.34	6.61	<0.001
技术转让收入（万元）	1370.23	126.43	10.84	0.001

注：重点院校指的是“211 工程”及省部共建高等学校，“二者倍率”是指“重点院校”除以“非重点本科院校”的倍率，t 检验的显著性呈现了 t 检验的 p 值，t 检验已根据方差齐性检验结果进行了修正。

2017 年“双一流”高校与非“双一流”高校在科研财力投入诸项指标上的差异显著，“双一流”高校的科技经费拨入约是非“双一流”高校的 16.1 倍，政府科技经费约是非“双一流”高校的 17.4 倍，企事业单位科技经费是非“双一流”高校的 20.3 倍，政府科技经费所占比例约是非“双一流”高校的 1.1 倍，企事业单位科技经费所占比例约是非“双一流”高校的 1.9 倍，人均科技经费拨入约是非“双一流”高校的 5 倍，人均政府科技经费拨入是非“双一流”高校的 5.5 倍，人均企事业单位科技经费拨入是非“双一流”高校的 6.8 倍，技术转让收入是非“双一流”高校的 13.3 倍（见表 3－24）。

表 3－24　2017 年“双一流”院校与非“双一流”本科院校在科研财力指标上的差异

指标	“双一流”高校	非“双一流”高校	二者倍率	t 检验显著性
科技经费拨入（万元）	84049.47	5229.75	16.07	<0.001
政府科技经费（万元）	57018.04	3278.57	17.39	<0.001
企事业单位科技经费（万元）	23353.06	1150.80	20.29	<0.001
政府科技经费所占比例（%）	69.24	60.87	1.14	<0.001
企事业科技经费所占比例（%）	25.15	13.34	1.88	<0.001
人均科技经费拨入（万元）	30.88	6.15	5.02	<0.001
人均政府科技经费拨入（万元）	20.77	3.77	5.51	<0.001

续表

指标	"双一流"高校	非"双一流"高校	二者倍率	t检验显著性
人均企事业科技经费拨入（万元）	8.72	1.29	6.78	<0.001
技术转让收入（万元）	1423.74	107.31	13.27	<0.001

部属院校与地方院校在科研财力投入诸项指标上的差异显著，部属院校的科技经费拨入约为地方院校的15.9倍，政府科技经费约是地方院校的17.3倍，企事业单位科技经费约是地方院校的18.6倍，政府科技经费占比约是地方院校的1.1倍，企事业单位科技经费所占比例是地方院校的1.9倍，人均科技经费拨入约是地方院校的5倍，人均政府科技经费拨入约是地方院校的5.4倍，人均企事业单位科技经费拨入是地方院校的6.6倍，技术转让收入是地方院校的11.3倍（见表3－25）。

表3－25　　2017年部属院校与地方院校在科研财力指标上的差异

指标	部属院校	地方院校	二者倍率	t检验显著性
科技经费拨入（万元）	101147.52	6352.65	15.92	<0.001
政府科技经费（万元）	69205.80	3991.20	17.34	<0.001
企事业单位科技经费（万元）	27858.47	1498.16	18.60	<0.001
政府科技经费所占比例（%）	67.84	61.31	1.11	0.002
企事业科技经费所占比例（%）	25.66	13.72	1.87	<0.001
人均科技经费拨入（万元）	33.74	6.76	4.99	<0.001
人均政府科技经费拨入（万元）	22.73	4.19	5.43	<0.001
人均企事业科技经费拨入（万元）	9.64	1.46	6.60	<0.001
技术转让收入（万元）	1575.40	139.44	11.30	0.003

注："二者倍率"是指"部属院校"除以"地方院校"的倍率，t检验的显著性呈现了t检验的p值，t检验已根据方差齐性检验结果进行了修正。

农林类高校人均科技经费最多，超过 16.5 万元，理工类院校次之，约 13 万元，其余院校的人均科技经费收入的均值都未超过 10 万元，财经类、医药类院校的人均科技经费最少，仅 3.9 万元（见表 3－26）。

表 3－26　2017 年不同学科类型院校人均科技经费　单位：万元

学校类型	样本量	均值	标准差	最小值	最大值
理工类	313	13.09	19.37	0.00	116.68
综合类	259	8.09	11.12	0.00	60.38
师范类	166	6.99	9.07	0.00	52.97
医药类	89	3.90	4.34	0.07	31.30
财经类	54	3.84	5.71	0.00	31.85
农林类	48	16.56	15.92	0.00	86.07
其他类	51	6.29	8.21	0.00	44.01
总数	980	9.21	14.08	0.00	116.68

注：人均科技经费的数据源自相应年份的《高等学校科技统计资料汇编》，由高校科技经费除以高校教学科研人数计算得出。

通过方差分析检验不同学科类型院校的人均科技经费差异，发现除了农林类院校之外，理工类院校人均科技经费显著高于所有其他类型院校，综合类高校的人均科研经费显著高于财经类、医药类院校，农林类院校人均科技经费显著高于综合类、师范类、医药类、财经类、其他类院校。综上，理工类、农林类和综合类高校的人均科研经费显著多于其他类型高校（见表 3－27）。

表 3－27　2017 年不同学科类型院校人均科研经费的方差分析

多重比较中具有显著差异的组	均值差	标准误	P 值
综合类—理工类	－5.004	1.146	<0.001
综合类—医药类	4.187	0.830	<0.001

续表

多重比较中具有显著差异的组	均值差	标准误	P值
综合类—财经类	4.243	1.039	0.002
综合类—农林类	-8.474	2.399	0.017
理工类—师范类	6.096	1.302	<0.001
理工类—医药类	9.191	1.188	<0.001
理工类—财经类	9.247	1.342	<0.001
理工类—其他类	6.799	1.588	0.001
师范类—医药类	3.094	0.841	0.006
师范类—农林类	-9.566	2.403	0.004
医药类—农林类	-12.661	2.343	<0.001
财经类—农林类	-12.717	2.425	<0.001
农林类—其他类	10.270	2.570	0.003
方差分析结果：levene统计显著性<0.001，F值=11.586，P值<0.001			

注：由于方差不齐，多重比较采用了Tamhane's T2方法，对P值进行修正。

从政府部门专项经费所占比例来看，医药类院校科技经费中来自政府的比例约75.6%，农林类、师范类、财经类、综合类院校的政府科技经费所占比例都在60%以上，理工类科技经费中政府部门专项经费所占比例最小，约54.5%（见表3-28）。

表3-28　2017年不同学科类型院校科技经费中政府部门专项经费所占比例　单位：%

学校类型	样本量	均值	标准差	最小值	最大值
理工类	313	54.46	25.14	0.00	100.00
综合类	259	60.72	26.22	0.00	100.00
师范类	166	64.65	21.63	0.00	100.00
医药类	89	75.63	18.10	21.31	100.00

续表

学校类型	样本量	均值	标准差	最小值	最大值
财经类	54	61.48	31.36	0.00	100.00
农林类	48	68.71	21.58	0.00	100.00
其他类	51	74.81	25.57	0.00	100.00
总数	980	61.91	25.44	0.00	100.00

对不同学科类型高校的政府科技经费所占比例进行方差分析发现，医药类高校科技经费中的政府部门专项经费比例明显高于综合类、师范类高校。理工类高校政府科技经费所占比例显著低于师范类、医药类、农林类和其他类高校。总体上看，医药类、师范类高校对政府科技经费的依赖程度比理工类、综合类高校要高（见表3－29）。

表3－29　2017年不同学科类型院校科研经费中政府部门专项经费比例的方差分析

多重比较中具有显著差异的组	均值差	标准误	P值
综合类—医药类	－14.915	2.517	<0.001
综合类—其他类	－14.093	3.934	0.013
理工类—师范类	－10.197	2.200	<0.001
理工类—医药类	－21.176	2.388	<0.001
理工类—农林类	－14.256	3.424	0.002
理工类—其他类	－20.354	3.852	<0.001
师范类—医药类	－10.979	2.550	0.001
方差分析结果：levene统计显著性<0.001，F值=12.834，P值<0.001			

注：由于方差不齐，多重比较采用了Tamhane's T2方法，对P值进行修正。

从企事业单位资金占科技经费的比例来看，理工科高校比例最高，约24.9%，农林类高校次之，约15.9%，综合高校科技经费中来自企事业单位的比例约13.2%。师范类、财经类、医药类的科技经费中企事业单位所占比例均在10%以下（见表3－30）。

表3－30　　2017年不同学科类型院校科技经费中企事业单位资金所占比例　　单位：%

学校类型	样本量	均值	标准差	最小值	最大值
理工类	313	24.90	22.48	0.00	87.98
综合类	259	13.17	17.29	0.00	83.91
师范类	166	9.56	13.52	0.00	69.04
医药类	89	4.02	6.56	0.00	44.72
财经类	54	6.60	13.22	0.00	60.09
农林类	48	15.85	14.42	0.00	59.47
其他类	51	4.68	8.27	0.00	34.78
总数	980	14.80	18.84	0.00	87.98

根据方差分析的结果，理工类高校科技经费中企事业单位资金占比显著高于综合类、师范类、医药类、财经类、农林类和其他类高校，且高出至少9个百分点。综合类高校的企事业单位资金占比显著高于医药类、财经类和其他类高校，农林类高校企事业单位资金占比显著高于医药类、财经类和其他类高校；此外师范类高校的企事业单位资金占比显著高于医药类高校。总体上看，学科结构中自然科学占比较大，与市场结合较紧密的理工类、农林类、综合类高校，其研究成果的市场转化率较高，故而更能吸引企事业单位的科研投入（见表3－31）。

表3－31　　2017年不同学科类型院校科研经费中企事业单位资金比例的方差分析

多重比较中具有显著差异的组	均值差	标准误	P值
综合类—理工类	－11.732	1.664	<0.001
综合类—医药类	9.1542	1.280	<0.001
综合类—财经类	6.5732	2.096	0.047

续表

多重比较中具有显著差异的组	均值差	标准误	P 值
综合类—其他类	8.496	1.580	<0.001
理工类—师范类	15.343	1.648	<0.001
理工类—医药类	20.886	1.448	<0.001
理工类—财经类	18.305	2.203	<0.001
理工类—农林类	9.056	2.439	0.008
理工类—其他类	20.227	1.719	<0.001
师范类—医药类	5.543	1.258	<0.001
师范类—其他类	4.885	1.563	0.045
医药类—农林类	-11.830	2.195	<0.001
财经类—农林类	-9.249	2.751	0.023
农林类—其他类	11.171	2.382	<0.001
方差分析结果：levene 统计显著性 <0.001，F 值 =31.446，P 值 <0.001			

注：由于方差不齐，多重比较采用了 Tamhane's T2 方法，对 P 值进行修正。

4. 课题奖项

（1）2012 年和 2017 年不同类型高校课题项目情况。

2012～2017 年，高校科技课题从 38.68 万项增长到 52.97 万项，5 年间增幅达到了 36.94%，但校均项目数反而略有下降，从 583 项减少到 540 项。5 年来，重点院校承担了超过 50% 的科研项目，其校均项目从 2012 年的 1857 项增长到 2017 年的 2397 项，与此同时，其他本科院校校均项目从 336 项减少到了 298 项，在校均项目上，重点院校与其他本科院校之间的差距从 5.53∶1 扩大到了 8.04∶1。行政隶属关系也会影响科技课题项目的分配，总体上看，教育部直属高校、其他部委院校和地方院校的校均项目数量逐级递减，2012 年上述三类高校的校均项目分别是 2366 项、1010 项和 371 项，2017 年分别是 3165 项、1321 项和 330 项，教育部直属高校的校均项目与地方院校的差距从6.38∶1增加到 9.59∶1。同样地，“双一流”建设高校与非

“双一流”建设高校在校均项目上的差距也拉大了，从5.53:1增加到8.09:1。从不同类型院校科科技课题目分布情况看，理工类院校承担了40%以上的项目，综合类院校承担了30%以上的项目，医药类院校承担了10%以上的项目（见表3-32）。

表3-32　2012年和2017年不同类型高校科技课题项目情况

学校类型	2012年			2017年		
	项目数（项）	所占比例（%）	校均项目（项）	项目数（项）	所占比例（%）	校均项目（项）
按学校规格分						
重点院校	200561	51.85	1857	270893	51.14	2397
其他本科学校	186221	48.15	336	258766	48.86	298
按学校隶属分						
教育部直属院校	149047	38.54	2366	202532	38.24	3165
其他部委院校	24238	6.27	1010	33024	6.23	1321
地方院校	213497	55.20	371	294103	55.53	330
按建设任务分						
“双一流”高校	210786	54.50	1786	282018	53.25	2331
非“双一流”高校	175996	45.50	323	247641	46.75	288
按学校类型分						
综合类	119232	30.83	779	162268	30.64	627
理工类	159710	41.29	764	212331	40.09	678
农林类	27160	7.02	734	40680	7.68	848
师范类	32455	8.39	233	45558	8.60	274
医药类	43049	11.13	566	60635	11.45	681
财经类	2373	0.61	103	3790	0.72	70
其他类	2803	0.72	108	4397	0.83	86
合计	386782	100.00	583	529659	100.00	540

注：2012年的“重点院校”是“211工程”及省部共建高等学校，共108所，2017年统计口径有所变更，增加5所，共113所。

通过考察 2017 年不同类型院校在不同研究方向上的项目分配、经费分配的结构，发现重点院校课题项目中，约有 47% 为基础研究项目，43. 8% 为应用研究项目，9. 2% 为试验发展项目，而非重点本科院校基础研究项目、应用研究项目和试验发展项目的占比分别为 42. 8%、49. 1% 和 8. 1%，由此可见重点院校承担了更多基础研究科研任务，在项目经费分配方面，重点院校的基础研究项目经费占比 41%，明显高于非重点本科院校的 36. 8%。教育部直属高校的科研项目中，基础研究项目约占 46. 6%，其经费中基础研究项目经费约占 42. 5%，而地方院校、其他部委院校的基础项目占比分别为 42. 2%、41. 8%，基础项目经费占比分别为 38. 9%、29. 3%。这说明教育部直属院校主要将研究资源投入基础研究，而其他部委院校承担了较多的应用研究项目。从不同类型高校的科研项目分配情况来看，医药类、师范类院校的科研项目及其经费中，基础研究的占比都超过了 50%，而理工类、农林类院校的科研经费中，应用研究项目经费的占比超过了 50%。这说明由于院校行业属性的不同，科研项目分配也各有特色，医药类、师范类院校偏重基础研究，而理工、农林类院校偏重应用研究。综合类院校科研项目分配比较平衡，略偏重基础研究，其基础研究项目占比（47. 7%）仅高出应用研究（44. 7%）3 个百分点，但基础研究项目经费的占比（49. 6%）却高出应用研究（40. 8%）接近 10 个百分点，这说明综合类院校的基础研究项目占比虽不算太高，但资金充裕（见表 3 – 33）。

表 3 – 33　　2017 年不同类型院校在不同研究方向上的项目数及拨入经费的比例

单位：%

院校类型	基础研究		应用研究		试验发展	
	项目数	项目经费	项目数	项目经费	项目数	项目经费
不同规格学校各类研究所占比例						
重点院校	46. 98	40. 95	43. 83	47. 02	9. 19	12. 03
非重点本科院校	42. 82	36. 82	49. 13	51. 48	8. 05	11. 70

续表

院校类型	基础研究		应用研究		试验发展	
	项目数	项目经费	项目数	项目经费	项目数	项目经费
不同隶属关系学校各类研究所占比例						
教育部直属院校	46.59	42.45	42.98	43.72	10.43	13.83
部委院校	41.82	29.34	52.97	62.95	5.22	7.71
地方院校	42.16	38.88	50.04	50.48	7.80	10.64
不同类型学校各类研究所占比例						
综合类	47.67	49.56	44.67	40.83	7.65	9.61
理工类	35.09	29.96	53.16	55.19	11.76	14.85
农林类	41.44	35.75	49.10	52.44	9.46	11.82
师范类	55.56	55.46	40.10	37.00	4.34	7.55
医药类	56.42	59.36	39.66	37.01	3.92	3.63
所有院校	43.73	39.53	47.67	48.52	8.59	11.94

注：2017 年的“重点院校”特指“211 工程”及省部共建高等学校。

（2）2017 年不同类型高校科研获奖情况。

从 2017 年不同类型高校获奖情况来看，113 所重点院校获得了 49.6% 的科研奖项、82.1% 的国家级奖项，校均奖项 20 项，是非重点本科院校的 7.5 倍，校均国家级奖项 2 项，是非重点本科院校的 33.8 倍。教育部直属院校获得了 36.7% 的科研奖项和 64.2% 的国家级奖项，校均科研奖项近 26.8 项，约为地方院校 8.9 倍，校均国家级科研奖项 2.8 项，约为地方院校 40 倍。在所有类型的高校中，理工类院校、综合类院校获得的科研奖项最多，占比分别约 41% 和 29%（见表 3 – 34）。

表 3－34　　2017 年不同类型高校科研获奖情况

院校类型	所有奖项（项）	校均奖项（项）	占比（%）	国家奖项（项）	校均奖项（项）	占比（%）
按学校规格分						
重点院校	2310	20.44	49.60	229	2.03	82.08
非重点本科院校	2347	2.71	50.40	50	0.06	17.92
按学校隶属分						
教育部直属院校	1713	26.77	36.78	179	2.80	64.16
部委院校	264	10.56	5.67	36	1.44	12.90
地方院校	2680	3.01	57.55	64	0.07	22.94
按学校类型分						
综合类	1349	5.21	28.97	96	0.37	34.41
理工类	1907	6.09	40.95	139	0.44	49.82
农林类	425	8.85	9.13	28	0.58	10.04
师范类	736	8.27	15.80	10	0.11	3.58
医药类	189	1.14	4.06	4	0.02	1.43
财经类	23	0.43	0.49	1	0.02	0.36
其他类	28	0.55	0.60	1	0.02	0.36
合计	4657	4.75	100.00	279	0.28	100.00

注：2017 年的“重点院校”特指“211 工程”及省部共建高等学校。

3.3.2　科技经费收入结构变化对支出结构变化的影响

通过观察各类学校科研经费的收支情况，发现科技经费收入结构的变化与科技经费的支出结构、研究经费的支出结构的变化有一定的内在联系，例如随着政府部门专项费所占比例的升高，科研经费支出中固定资产购置费的比例也在同步提升。为了验证收入结构与支出结构之间的内在联系，本书收集了 2010 年至 2017 年科研经费收入、支出和研发经费支出的分省数据①，通过面板数据模型②估算科技经费中政府部门专项费所占比例、企事业单位委托经费所占比例和科研事业费所占比例对科技经费和研发经费各项支出比例的影响，并检验其影响系数的显著性，结果如下。

以政府部门专项费所占比例③为自变量，分别以科研人员费比例、业务费比例、固定资产购置费比例、上缴税金比例、转拨外单位经费比例、基础研究支出比例、应用研究支出比例、试验发展支出比例为因变量，建立面板数据模型，发现：政府部门专项费每提升1%，科研人员费降低0.06%，业务费比例提高0.24%，基础研究支出所占比例提高0.48%，应用研究支出比例下降0.40%，试验发展支出比例下降0.18%。由此说明，政府部门专项经费所占比例的提升将提高业务费和基础研究支出的比例，但会显著降低科研人员费、应用研究支出和试验发展支出的比例（见表3-35）。

表3-35　政府部门专项经费所占比例对科技经费支出和研发经费支出结构的影响

因变量	Hausman检验显著性	模型	系数	P值
科研人员费比例	0.129	随机效应	-0.059	0.036
业务费比例	0.022	固定效应	0.235	0.000
固定资产购置费比例	0.136	随机效应	-0.021	0.571
上缴税金比例	0.003	固定效应	0.006	0.338

① 数据包含我国31个省份2010至2017年8年的分省科技经费和研发经费数据。

② 面板数据模型是指纳入模型的数据同时包括了空间维度（如省市、学校）和时间维度（如年、月、旬等），对于此类数据的估算模型有固定效应和随机效应两种。面板数据模型中有一些不随时间变化的非预期效应（未被因变量解释的效应），如果这些非预期效应与模型的因变量相关，则应采用固定效应模型，若与因变量无关，则一般采用随机效应模型。在选取模型的过程中，采用Hausman检验来判断哪种模型适用，若Hausman检验显著，则采用固定效应模型，若不显著，则采用随机效应模型。参考：杰弗里·M.伍德里奇.《计量经济学导论》（第三版）[M].北京：中国人民大学出版社，2007：431-490.

③ 政府部门专项费为“主管部门专项费”和“其他政府部门专项费”的加总。

续表

因变量	Hausman 检验显著性	模型	系数	P 值
转拨外单位经费比例	0.407	随机效应	0.011	0.697
基础研究支出比例	0.097	随机效应	0.482	0.000
应用研究支出比例	0.035	固定效应	-0.396	0.000
试验发展支出比例	0.529	随机效应	-0.177	0.000

以企事业单位委托经费所占比例为自变量，以科技经费支出和研发经费支出中各个项目所占比例为因变量，建立面板数据模型，发现：企事业单位委托经费所占比例每提高1%，基础研究支出所占比例降低0.46%，应用研究支出所占比例提高0.45%，试验发展支出比例提高0.17%。这说明企事业单位委托经费比例的提高能提升高校应用研究支出和试验发展支出的比例，但将显著降低基础学科支出的比例（见表3-36）。

表3-36 企事业单位委托经费比例对科技经费支出和研发经费支出结构的影响

因变量	Hausman 检验显著性	模型	系数	P 值
科研人员费比例	0.503	随机效应	-0.011	0.732
业务费比例	0.072	随机效应	-0.041	0.504
固定资产购置费比例	0.020	固定效应	0.040	0.405
上缴税金比例	0.004	固定效应	-0.008	0.284
转拨外单位经费比例	0.774	随机效应	-0.003	0.909
基础研究支出比例	0.075	随机效应	-0.464	0.000
应用研究支出比例	0.030	固定效应	0.448	0.000
试验发展支出比例	0.520	随机效应	0.167	0.002

以科研事业费所占比例为自变量，科技经费支出、研发经费支出的各个项目比例作为因变量，通过估算面板数据模型发现：科研事业费所占比例每提升1%，科研人员费比提高0.40%，固定资产购置费比例降低0.39%，基础研究支出比例降低1.15%，应用研究支出比例提高0.92%。由此可见，科研事业费所占比例的提高能显著提升科研人员费的比例和应用研究支出的比例，但会降低固定资产购置费、基础研究支出的比例（见表3-37）。

表3-37　科研事业费所占比例对科技经费支出和研发经费支出结构的影响

因变量	Hausman 检验显著性	模型	系数	P 值
科研人员费比例	0.596	随机效应	0.396	0.000
业务费比例	0.098	随机效应	-0.058	0.604
固定资产购置费比例	0.000	固定效应	-0.388	0.000
上缴税金比例	0.015	固定效应	-0.000	0.994
转拨外单位经费比例	0.459	随机效应	0.067	0.244
基础研究支出比例	0.000	固定效应	-1.151	0.000
应用研究支出比例	0.000	固定效应	0.921	0.000
试验发展支出比例	0.092	随机效应	0.182	0.095

以各种收入转为科技经费所占比例为自变量，科技经费支出、研发经费支出的各个项目比例作为因变量，通过估算面板数据模型发现：各种收入转为科技经费的比例每提升1%，科研人员费比例下降0.08%，业务费比例下降0.28，固定资产购置费比例提高0.20%，基础研究支出比例提高0.35%，应用研究支出比例下降0.36%。由此可以推断，来自高校创收活动的科研资金主要用于购置固定资产和用于支持基础研究（见表3-38）。

表 3-38　各种收入转为科技经费比例对科技经费支出和研发经费支出结构的影响

因变量	Hausman 检验显著性	模型	系数	P 值
科研人员费比例	0.751	随机效应	-0.084	0.050
业务费比例	0.978	随机效应	-0.281	0.000
固定资产购置费比例	0.054	随机效应	0.202	0.000
上缴税金比例	0.594	随机效应	0.001	0.928
转拨外单位经费比例	0.219	随机效应	-0.025	0.565
基础研究支出比例	0.601	随机效应	0.351	0.004
应用研究支出比例	0.284	随机效应	-0.356	0.004
试验发展支出比例	0.577	随机效应	0.017	0.838

3.3.3 课题项目和科研奖项对高校学术资源配置影响的路径分析

根据第 2 章的理论研究，高校的课题项目数、科研获奖数等无形资源对科研人力、财力的配置有内在关联：首先，高校人力、财力资源配置受到其往年科研绩效的影响，即高校往年的科研获奖情况、课题项目数量是影响科技经费总量、高级科学家和工程师规模的关键指标；其次，高校科研财力配置的总量取决于高校内从事科研活动的人员规模，即高校的科技经费总量取决于高校内从事科研的高级科学家和工程师的规模；再次，高校人力、财力配置的提升对高校未来科研绩效有正向促进作用，即高校当前的科技经费总量、高级科学家和工程师的规模能影响高校在未来的科研获奖情况和承接课题数量；最后，资源配置本身具有路径依赖，往年的科研获奖情况能增加未来科研获奖机会，同样的，往年的课题承接情况能增加未来课题申报的机会。

为观察上述模型的普遍性与稳定性，本书选取了 2008～2012 年（样本量 653）、2013～2017 年（样本量 692）两个时段，分别采集相关指标数据进行了路径分析。

2008～2012年的路径分析结果如下：模型中所有系数均显著、R^2均超过了0.65，模型拟合度较好。从2008年科研奖项、课题数量对2010年高校中高级职称科学家与工程师的影响来看，每增加1个科研奖项，高级职称科学家和工程师便增加16人；每增加4个课题项目，高级职称科学家和工程师增加1人。从2008年科研奖项、课题数量和2010年高级职称科学家与工程师对2010年科技经费的影响来看，每增加1位高级科学家与工程师，科技经费便增加约20.1万元，每增加1个科研奖项，科技经费便增加273.6万元，每增加1个课题项目，科技经费便增加20万元；从2008年科研奖项和2010年科技经费、高级科学家和工程师对2012年科研奖项的影响来看，2008年科研奖项每增加2项，2012年科研奖项便增加1项，2010年高级工程师和科学家每增加100人，2012年科研奖项增加1项；从2008年课题项目和2010年科技经费、高级科学家和工程师对2012年课题项目的影响来看，2008年课题项目每增加2项，2012年课题项目便增加1项，2010年高级工程师和科学家每增加2人，2012年科研奖项增加1项，2010年科技经费每增加约154万元，2012年课题项目增加1项（见表3－39）。

表3－39　2008～2012年课题、奖项对高校科研财力、人力资源配置影响路径分析

因变量：2010年高级科学家	系数	标准误	t值	P值	Beta值
2008年科研获奖数	15.82	1.33	11.88	<0.001	0.449
2008年课题项目数	0.27	0.02	10.97	<0.001	0.415
截距	144.20	14.01	10.29	<0.001	—
样本量：653；R^2：0.6745；疏离系数：0.5705					
因变量：2010年科技经费	系数	标准误	t值	P值	Beta值
2010年高级科学家	201.06	23.81	8.45	<0.001	0.310

续表

因变量：2010 年科技经费	系数	标准误	t 值	P 值	Beta 值
2008 年科研获奖数	2735.77	891.62	3.07	0.002	0.120
2008 年课题项目数	199.71	16.15	12.37	<0.001	0.476
截距	-72617.89	9172.42	-7.92	<0.001	—
样本量：653；R^2：0.7160；疏离系数：0.5329					
因变量：2012 年科研获奖数	系数	标准误	t 值	P 值	Beta 值
2010 年高级科学家	0.01	0.00	11.94	<0.001	0.389
2010 年科技经费	3.17e-06	0.00	2.44	0.015	0.074
2008 年科研获奖数	0.48	0.03	15.71	<0.001	0.487
截距	-0.64	0.35	-1.85	0.064	—
样本量：653；R^2：0.7895；疏离系数：0.4588					
因变量：2012 年课题项目数	系数	标准误	t 值	P 值	Beta 值
2010 年高级科学家	0.53	0.04	13.06	<0.001	0.306
2010 年科技经费	6.47e-04	0.00	9.58	<0.001	0.242
2008 年课题项目数	0.52	0.03	18.09	<0.001	0.461
截距	25.14	16.59	1.52	0.130	—
样本量：653；R^2：0.8802；疏离系数：0.3461					

2013~2017 年的路径分析结果如下：模型 R^2 均超过了 0.75，模型拟合度优良。从 2013 年科研奖项、课题数量对 2015 年高校中高级职称科学家数量的影响来看，2013 年每增加 1 个科研奖项，高级职称科学家和工程师便增加近 14 人；每增加 3 个课题项目，高级职称科学家和工程师增加 1 人。从 2013 年科研奖项、课题数量和 2015 年高级职称科学家与工程师对 2015 年科技经费的影响来看，2013 年每增加 1 个科研奖项，2015 年科技经费便增加 809.7 万元，2013 年每增加 1 个课题项目，2015 年科技经费便增加 27.4 万元，此外，2015 高级科学家的数量对 2015 年科技经费的影响效应不显著。从 2013 年科研奖项和 2015 年科技经费、高级科学家和工程师对 2017 年科研奖项的

影响来看，2013 年科研奖项每增加 2 项，2017 年科研奖项便增加 1 项，2015 年高级工程师和科学家每增加约 167 人，2017 年科研奖项增加 1 项。从 2013 年课题项目和 2015 年科技经费、高级科学家和工程师对 2017 年课题项目的影响来看，2013 年课题项目每增加 1 项，2017 年课题项目便增加 1 项，2015 年高级工程师和科学家每增加 5 人，2017 年科研奖项增加 1 项，2015 年科技经费每增加约 320.5 万元，2012 年课题项目增加 1 项（见表 3－40）。

表 3－40　2013～2017 年课题、奖项对高校科研财力、人力资源配置影响路径分析

因变量：2015 年高级科学家	系数	标准误	t 值	P 值	Beta 值
2013 年科研获奖数	13.563	1.245	10.900	0.000	0.324
2013 年课题项目数	0.366	0.018	20.130	0.000	0.599
截距	122.802	12.622	9.730	0.000	—
样本量：692；R^2：0.7691；疏离系数：0.4805					
因变量：2015 年科技经费	系数	标准误	t 值	P 值	Beta 值
2015 年高级科学家	30.172	27.176	1.110	0.267	0.042
2013 年科研获奖数	8097.604	961.378	8.420	0.000	0.267
2013 年课题项目数	274.025	16.359	16.750	0.000	0.618
截距	－59689.34	9602.599	－6.22	0	—
样本量：692；R^2：0.7766；疏离系数：0.4726					
因变量：2017 年科研获奖数	系数	标准误	t 值	P 值	Beta 值
2015 年高级科学家	0.006	0.001	9.310	0.000	0.306
2015 年科技经费	9.27e－07	0.000	1.010	0.312	0.033
2013 年科研获奖数	0.508	0.029	17.760	0.000	0.590
截距	－0.081	0.279	－0.290	0.772	—
样本量：692；R^2：0.7751；疏离系数：0.4743					
因变量：2017 年课题项目数	系数	标准误	t 值	P 值	Beta 值
2015 年高级科学家	0.200	0.039	5.070	0.000	0.096

续表

因变量：2017 年课题项目数	系数	标准误	t 值	P 值	Beta 值
2015 年科技经费	3.12e－04	0.000	5.550	0.000	0.109
2013 年课题项目数	0.999	0.030	33.470	0.000	0.787
截距	12.815	15.264	0.840	0.401	—
样本量：692；R^2：0.9347；疏离系数：0.2555					

上述表格中的 Beta 值便是因变量相对于自变量的标准化回归系数，根据路径分析结果，2008 年至 2012 年、2013 年至 2017 年的课题项目、科研获奖对高校科研财力、人力资源配置的影响路径如图 3－5 所示。

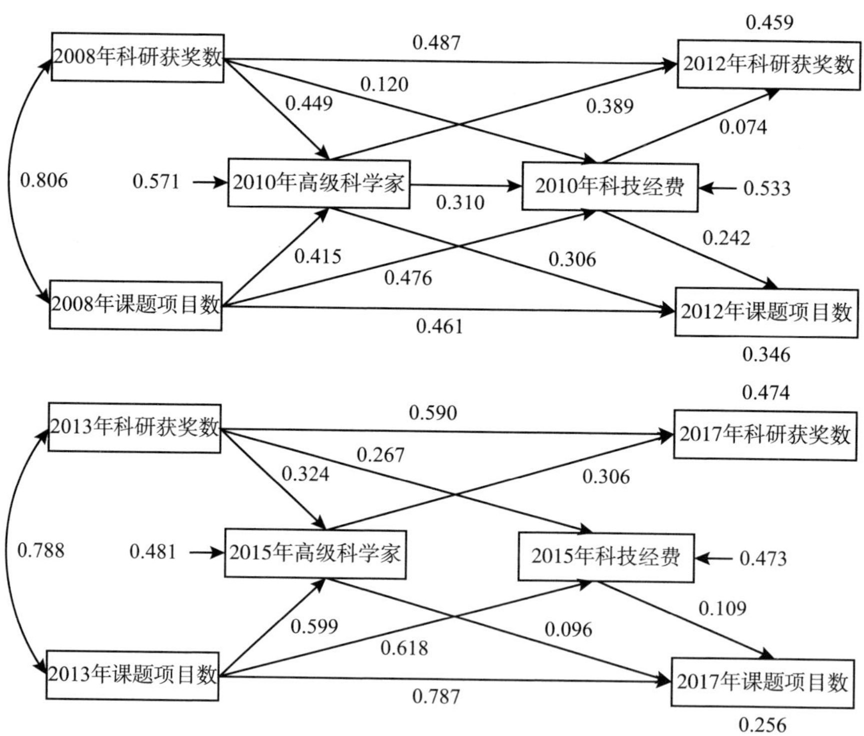

图 3－5　课题项目、科研获奖影响高校科研财力、人力资源配置的路径分析结果

模型中各因变量对自变量的总效应、直接效应和间接效应的标准化系数值如表3－41所示。

表3－41　课题、奖项影响科研财力、人力配置路径分析的影响效应

	2012年科研获奖数	2012年课题项目数	2010年高级科学家	2010年科技经费
总效应				
2008年科研获奖数	0.681	0.200	0.449	0.259
2008年课题项目数	0.206	0.734	0.415	0.605
2010年高级科学家	0.412	0.381	—	0.310
2010年科技经费	0.074	0.242	—	—
直接效应				
2008年科研获奖数	0.487	—	0.449	0.120
2008年课题项目数	—	0.461	0.415	0.476
2010年高级科学家	0.389	0.306	—	0.310
2010年科技经费	0.074	0.242	—	—
间接效应				
2008年科研获奖数	0.194	0.200	—	0.139
2008年课题项目数	0.206	0.273	—	0.129
2010年高级科学家	0.023	0.075	—	—

从各变量影响2012年科研获奖的总效应来看，2008年科研获奖对2012年科研获奖的影响最高，总效应达到0.68，其次是2010年高级科学家，总效应达0.41，2008年课题项目对2012年科研获奖的总效应为0.21，2010年科技经费对2012年科研获奖的总效应最小，为0.07。从各变量影响2012年课题项目的总效应来看，2008年课题项目对2012年课题项目的影响最高，总效益达到0.74，其次是2010年高级科学家，总效应达0.38，2010年科技经费对2012年课题项目的总效应为0.24，2008年科研获奖对2012年课题项目的总效应为

0.2。对2010年科技经费的影响最大的是2008年的课题项目，总效应达0.61，其次是2010年高级科学家，总效应达0.31，2008年科研获奖对2010年科技经费的影响总效应为0.26。2008年科研获奖、课题项目对2010年高级科学家的影响总效应分别为0.45、0.42（见表3-42）。

表3-42　课题、奖项影响科研财力、人力配置路径分析的影响效应

	2017年科研获奖数	2017年课题项目数	2015年高级科学家	2015年科技经费
		总效应		
2013年科研获奖数	0.689	0.060	0.324	0.267
2013年课题项目数	0.183	0.912	0.599	0.618
2015年高级科学家	0.306	0.096	—	
2015年科技经费	—	0.109	—	—
		直接效应		
2013年科研获奖数	0.590	—	0.324	0.267
2013年课题项目数	—	0.787	0.599	0.618
2015年高级科学家	0.306	0.096	—	—
2015年科技经费	—	0.109	—	—
		间接效应		
2013年科研获奖数	0.099	0.060	—	—
2013年课题项目数	0.183	0.125	—	—
2015年高级科学家	—	—	—	—

对2017年科研获奖数影响效应最大的是2013年的科研获奖数，总效应值接近0.69，其次是2015年高级科学家和科技经费，总效应值分别为0.32、0.27；2017年课题项目数对其当年度的科研获奖数影响效应最小，仅为0.06。对2017年课题项目数影响最大的是2013年的课题项目数，总效应值约为0.91，其次是2015年科技经费，总

效应值约为 0. 11，2013 年科研获奖数、2015 年高级科学家的总效应值都在 0. 1 以下。2013 年的课题项目数对 2015 年的高级科学家、科技经费的总效应值分别为 0. 60、0. 62，明显大于 2013 年科研获奖的效应值（0. 32、0. 27）。

第 4 章

高校微观学术资源投入现状与配置机制的实证研究

本章主要研究学术资源在微观层面的配置，对于高校内部学术活动而言，宏观层面的学术资源配置作为一个重要的背景变量，仅产生了导向作用，其影响有可能随着高校内部管理层级延伸出现自上而下的消解，微观层面的学术资源配置则直接作用于学术研究活动本身，是学术研究活动中的关键，正如前文所言，学术权力和行政权力在学术资源配置中居于核心地位，扮演不可替代的角色。因此，为改善学术研究的效率，有必要对微观层面的学术资源配置机制，尤其是学术权力和行政权力对学术资源配置的作用机理进行深入剖析。本部分根据前文的理论建构，提出研究假设并建立分析框架，结合问卷调查和统计分析，对高校内部学术资源配置的群组差异，行政权力、学术权力影响学术资源配置的路径及其影响力大小进行了定量分析。

4.1 研究假设与理论框架

4.1.1 研究问题与假设

1. 研究问题

本书试图剖析高校内部学术权力、行政权力对学术资源配置的作用机制，主要关注以下三个相互关联的问题：

（1）个体拥有的权力类型及其多寡能否对其在学术资源配置中的行为模式产生影响？

（2）个体在学术资源配置中的行为模式能否对资源配置的结果产生影响？

（3）个体拥有的权力类型及其多寡能否对学术资源配置的结果产生影响？

2. 研究假设

根据第 2 章所构建的资源依赖和权力运作影响学术资源配置相关理论，针对高校内部学术资源配置，本书提出了以下几点研究假设：

（1）研究对象所拥有的学术权力、行政权力能够影响其在学术资源配置中对他人和单位的资源依赖，而资源依赖则表现为资源配置中的行为模式。具体来说，拥有不同权力的个体在学术资源配置过程中，对单位资源配置的依赖性、影响力及其人际互助行为上存在差异。

（2）研究对象在学术资源配置中的行为模式能影响学术资源配置的主观、客观结果。具体来说，个体在学术资源配置中的互助行为和对单位资源的依赖程度能对其学术资源配置的满意度、获取的研究经费造成影响。

（3）研究对象的学术权力、行政权力能影响学术资源配置的主观、客观结果。具体来说，拥有不同权力的个体在其学术资源配置的满意度、获取的研究经费上存在差异。

（4）学术权力和行政权力之间存在关联。

（5）学术资源配置中与资源依赖关系密切的互助行为可细分为施助行为和受助行为，二者之间存在关联。

4.1.2　理论框架

根据上述研究假设，参考第 2 章的理论模型，绘制了学术权力、行政权力影响学术资源配置理论框架概要图（参见图 2－2）。

4.2 研究方法与研究工具

为验证研究假设的正确性，研究者采用了问卷调查法，以北京科技大学、首都师范大学和北方工业大学从事科研教学工作的专任教师为研究对象，抽样调查采集相关数据，并分别运用 SPSS 20 和 AMOS 20 软件对所采集的数据进行均值比较和路径分析。

4.2.1 研究工具制备

本书以自编的《高校内部学术资源配置调查问卷》为研究工具。在问卷的编制过程中，兼顾理论的周密性和延展性。一方面要对问卷涵盖理论框架中的诸变量进行细化，确保不遗漏关键信息；另一方面也在问卷中设计必要的辅助变量作为研究的重要补充，以拓展研究的广度。

1. 问卷编制与理论模型

编制问卷的过程实际上就是对抽象概念具体化、可操作化的过程，下面对理论框架概要图所涉及的四个变量进行了细化。

学术权力。根据第 2 章的理论建构，学术权力植根于所有者在专业知识领域所构筑的学术权威。因此，在衡量研究对象的学术权力时，除采集学术职称这一关键变量之外，研究对象可能享有的诸多重要学术头衔（如院士、国务院学科评议会成员、学会理事等）也是反映其学术权力的重要指标。在获取被试学术职称和头衔的相关信息之后，研究者将对各类学术头衔赋予权重，加总之后获得调查对象在学术权力方面的得分。

行政权力。对于行政权力而言，主要考虑研究对象在校内外所担任的行政职务，重点考察以下九类行政职务：①省部级官员；②中央部委司局级官员；③中央部委处级、科级官员；④地方厅局级官员；⑤地方处级、科级官员；⑥科研基金会主管；⑦大学校长/书记；⑧院系、研究所负责人；⑨校内职能处室负责人。其中，前6种为校外职务，后3种为校内职务。在获取被试行政职务的信息之后，研究者将对各项职务赋予权重，加总之后获得调查对象在行政权力方面的得分。

学术资源配置中的行为模式。研究对象在学术资源配置中的行为模式可分为四个维度：一是研究对象在多大程度上依赖组织的学术资源配置；二是研究对象能在多大程度上影响组织的学术资源配置；三是研究对象在学术资源配置中的施助行为，反映了他人对研究对象的资源依赖程度；四是研究对象在学术资源配置中的受助行为，反映了研究对象对他人的资源依赖程度；前两个维度着眼于个体对组织学术资源配置的依赖性和影响力；后两个维度则着眼于个体之间在学术资源配置中的依赖关系。

学术资源配置结果。分为主观和客观两个层面，在主观层面，学术资源配置的结果主要表现为研究对象对学术资源配置的满意度；在客观层面，学术资源配置的结果可用研究对象所获取并自由支配的科研经费数额加以衡量。细化后的理论框架如图4-1所示。

需进一步说明的是，在图4-1中有5个变量提及“学术资源”这一概念，分别为学术资源配置中的施助行为、受助行为、对单位学术资源配置的依赖、影响学术资源配置的能力以及对学术资源配置的满意度。这些概念中所涉及“学术资源”需有明确的界定并最终体现为问卷中的具体题目，根据第2章、第3章对“资源”和“学术资源”的定义，学术资源既包含显性的人力、财力、物力投入，也包含各种无形资源，因此，问卷涉及的学术资源配置也应包含有形学术资源和无形学术资源两类，在综合考虑概念的严密性和数据的可得性之后，本书将问卷中“学术资源”界定为6个维度：科研经费的获取、科研仪器设备的购置、课题研究的人力调配、课题申报的机会、科研评奖的机会、学术职称晋升的机会。其中前3个维度针对有形学术资源，涵盖了学术资源中的人力、财力、物力的分配；后3个维度针对无形学术资源，主要涉及与学术研究和职业发展密切相关的三类活动：课题申报、科研评奖和职称晋升。在问卷编制的过程中，框架图中5个提及“学术资源”的变量都将围绕上述6个维度展开。

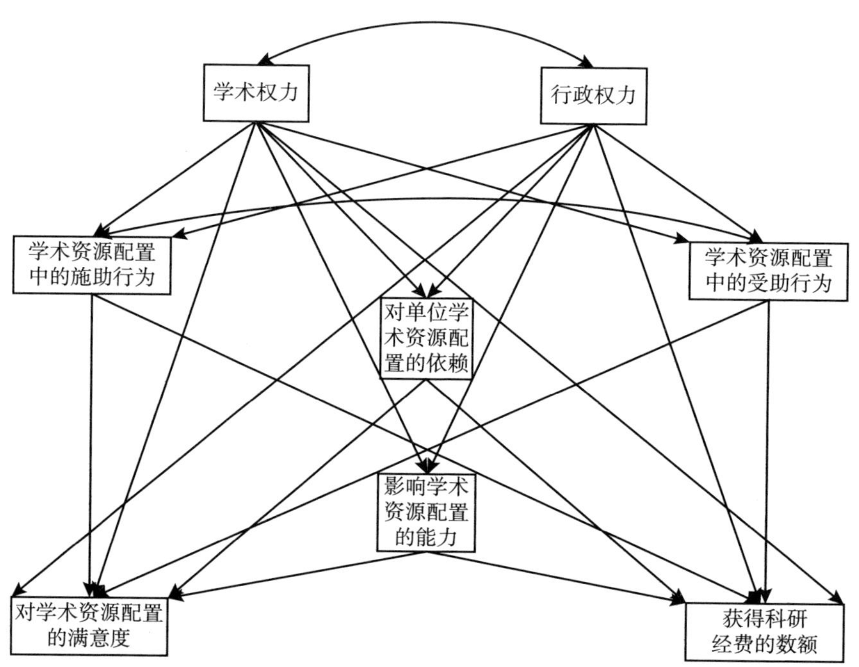

图4－1　微观层面学术权力、行政权力影响学术资源配置的理论框架详图

2. 其他重要辅助变量的设计

除了理论框架图中的8个关键变量之外，还有一些变量与本研究密切相关，可作为研究的重要补充，最终提高理论的解释力度。这些变量是：组织归属感、相对剥夺感、工作压力、离职倾向和对管理决策的评价。

（1）组织归属感。

组织归属感是指组织成员对自己所在组织在思想、感情和心理上的认同和投入，愿承担作为组织成员所涉及的各项责任和义务，并以主人翁的责任感努力工作（刘小平，2002）。组织归属感与组织承诺（organization commitment）密切相关，组织承诺是反映组织成员对组织情感态度的重要指标，从其理论基础上看，组织承诺发源自社会交换理论，该理论认为，人们总是用自己所拥有的资源与他人、组织或社会进行交换，以获取自己所需的各种社会资源，而组织归属感就是个人与组织之间进行资源交换的过程中所产生的一种态度和行为。从构成维度上看，阿伦和梅耶（1990）等人发现，组织承诺至少包含感情承诺、继续承诺和规范承诺三个维度，其中，感情承诺指组织成员被卷入组织、参与组织社会交往的程度，是个体对组织的一种肯定性的心理倾向；继续承诺是员工为了不失去已有的位置和多年投入所换来的福利待遇而不得不继续留在该组织内的一种承诺；规范承诺是指由于受长期社会影响形成的社会责任而留在组织内的承诺（刘小平，1999）。凌文辁、张治灿等人（2000）基于探索性因素分析，对阿伦和梅耶的理论进行了补充，认为组织承诺除包含感情承诺、继续承诺和规范承诺这三个因素外，还包括经济承诺和机会承诺。这样看来，前文中刘小平（2002）所定义的“组织归属感”并未涵盖组织承诺的所有维度。而是专指组织成员的感情承诺。从影响因素上看，国内外众多研究表明，满意度是影响组织承诺的重要因素（刘小平，1999；凌文辁、张治灿、方俐洛，2001）。受限于研究成本和问卷题量的限制，本研究无意对高校教师的组织承诺进行系统研究，也不准备考察组织承诺的所有维度。在综合考虑刘小平对组织归属感的定义与阿伦、梅耶等人对感情承诺的界定之后，本研究将视角集中到组织归属感（感情承诺）上，组织归属感（感情承诺）可以通过组织成员对单位目标的认同、工作的成就感、为组织发展而努力的意愿、工作的积极性以及对组织的情感依赖这五个维度加以考察，问卷的编制也按此五维度展开。

（2）相对剥夺感。

根据李汉林、李路路（1999）所做的定义，相对剥夺感是指人们从期望得到的和实际得到的差距中（discrepancy between expectation and actuality）所产生出来的或所感受到的、特别是与相应的参照群体的比较过程中所产生出来的一种负面主观感受。他们通过路径分析发现：若以调查对象的资源获取、满意度作为自变量，相对剥夺感作为因变量，则两个自变量能解释自变量 26.16% 的方差差异。由此可见，资源获取和满意度是影响相对剥夺感的重要变量。本研究虽不专门研究相对剥夺感，但也涉及研究对象学术资源的获取及其满意度，若根据李汉林等人的研究，则学术资源、满意度和相对剥夺感之间有一定的线性关系（甚至可能是因果关系），有鉴于此，本研究将相对剥夺感作为重要辅助变量加以测量，根据李汉林、李路路（1999）的研究，对相对剥夺感的测量主要是观测受访者在经济收入、社会地位和政治地位上与他人相对差距的主观判断，由于本研究对象的特殊性（高校专任教师），“政治地位”的相对差距已不是造成相对剥夺感的关键变量，且该变量容易同“社会地位”混淆；与之相比，“学术声望”的相对差距更有可能造成高校专业教师的相对剥夺感，应将其纳入相对剥夺感的重要维度之一。综上所述，问卷在测量研究对象的相对剥夺感时，主要关注经济收入的相对差距、社会地位的相对差距和学术声望的相对差距这三个维度。

（3）工作压力。

工作压力是“在面对压力源时对机体自然能力资源的普遍的、有规律的、无意识的调动”（Quick J. C. & Quick J. D.，1984）。从这一定义可以看出，对工作压力的知觉与对压力源的辨识是一体两面的关系，亦即在测量压力源状况的同时也在一定程度上测量了被试的工作压力。根据国外相关研究，工作压力源主要包括时间压力、互动压力、情景压力和期望压力（Whetten & Cameron，1984），并指出时间压力是一种最普遍的压力源。由于问卷题目数量的限制，本研究不准备对工作压力进行深入全面的探讨，仅准备考察研究对象对工作压力的知觉和对时间压力的辨识。

（4）离职倾向。

离职倾向是指某人在离开组织以前所做的心理决策过程的最后阶

段，虽仍在组织内但即将离开的状态（Mobley，1977）。一般来说，离职倾向可分为两种，一是职业的转换，即从事与目前职业不同的新职业；二是职务的变动，即仍从事目前的职业，但其职务或工作单位发生变动（余杏容，1997）。从影响离职倾向的因素来看，大多数研究均揭示了工作满意度对离职倾向有负向影响（Price，1977；Mobley，1977；黄春生，2004），针对高校教师的离职倾向研究也发现了工作满意度与离职倾向间的负向关系（杨秀伟、李明斐、张国梁，2005），杨秀伟、李明斐和张国梁（2005）指出，由于高校教师对学科成就的追求已经远远超出其对学校的忠诚，离职往往是为了追求职业上的更大成就，而职业发展空间受限和机会匮乏是造成高校教师离职倾向的关键变量。因此，探讨高校教师的离职倾向不能脱离其对职业发展前景的判断。参考上述研究，对离职倾向的探讨主要考察以下四个维度：职业发展空间受限程度、职业发展机会受限程度、离开所在单位的倾向、转换现有职业的倾向。

（5）对单位管理决策的评价。

基于文献梳理和研究的实际需要，将管理决策的评价限定在以下三个维度：一是决策前期的信息公开程度；二是决策过程的民主参与程度；三是决策结果的公平合理程度。

除了上述变量之外，本研究还考察了行政权力能影响到的其他重要资源，主要是隐性的制度资源，包括户籍编制落实、工资奖金提升、住房安置和子女受教育的落实。

3. 问卷的整体结构

经修订之后，正式问卷的结构如表 4 – 1 所示。

表 4 – 1　　高校内部学术资源配置问卷结构表

分表	维度	题目编号	题目描述
基本信息	基本信息	A1 – A9	年龄、工龄、性别、婚姻状况、学术职称、年收入、工作时间、期刊著作发表、学位情况

续表

分表	维度	题目编号	题目描述
课题与评奖情况	最近3年主持的科研课题	B1 – B5	分别罗列3年来主持的国家级、省部级、校级和企事业单位课题的项数和经费额度
	最近3年参与的科研课题（非主持人）	B6 – B10	分别罗列3年来参与但不主持的国家级、省部级、校级和企事业单位课题的项数和经费额度
	最近3年获得科研奖项	B11 – B13	分别罗列3年来获得的国家级、省部级奖项数
社会地位和社会关系情况	社会地位和社会关系情况	C1 – C16	列举16种职业，要求描述：是否从事该职业、是否认识从事该职业的人、与从事该职业者的关系
影响资源配置的能力	影响学术资源配置的能力	D1 – D6	5分量表，维度从“很不同意”到“非常同意”
	影响其他重要资源配置的能力	D7 – D10	
对单位在资源配置中的依赖	对单位学术资源配置的依赖	E1 – E6	5分量表，维度从“完全自行解决、不必依靠单位”到“无法自行解决、完全借助单位”
	对单位其他重要资源配置的依赖	E7 – E10	
资源配置中的施助行为	学术资源配置中的施助行为	D11 – D16	5分量表，维度从“很不同意”到“非常同意”
	其他重要资源配置中的施助行为	D17 – D20	
资源配置中的受助行为	学术资源配置中的受助行为	D21 – D26	5分量表，维度从“很不同意”到“非常同意”
	其他重要资源配置中的受助行为	D27 – D30	
资源配置的满意度	对学术资源配置的满意度	D31 – D36	5分量表，维度从“很不同意”到“非常同意”
	对其他重要资源配置的满意度	D37 – D40	

续表

分表	维度	题目编号	题目描述
正向心理因素	工作整体满意度	D41	5 分量表，维度从“很不同意”到“非常同意”
	对单位管理决策的评价	D42 – D44	
	组织归属感	D45 – D49	
负向心理因素	相对剥夺感	D50 – D53	5 分量表，维度从“很不同意”到“非常同意”
	离职倾向	D54、D55、D59、D60	
	工作压力	D56 – D58	

4.2.2　抽样方案与回收情况

1. 研究对象

抽样需兼顾样本的代表性和研究的可行性。受制于时间成本和经费成本，本书的问卷调查对象主要为北京普通本科院校的专任教师。

2. 抽样方案

针对本科院校的多样性，抽样时要涵盖不同类型高校，由于本书主要关注行政权力对学术资源配置的影响，因此主要从学校的举办者的行政级别将其分为两类：“211”及省部共建高等院校、非“211”及省部共建的公办高校。研究中预计抽取本科院校 4 所，其中“211”及省部共建高校 2 所、非“211”及省部共建高校 2 所①。

在选择“211”及省部共建高等院校（也包括非“211”及省部共建的公办高校）的过程中，主要参考两个指标：一是高校的学科偏向，偏文科和偏理科的各 1 所；二是政府基金占科技经费总额的比例，比例高于 80% 和比例低于 50% 的各 1 所。据此标准，选出 4 所学校，分别是北京科技大学、北京师范大学、首都师范大学、北方工业大学。

① 北京民办本科院校中仅有北京城市学院有科技经费的统计信息。

表 4－2 高校内部学术资源配置问卷调查的院校选取参考表

排序	学校名称	当年拨入科技经费（千元）	政府基金所占比例（%）
“211”及省部共建高校			
1	清华大学	2613207	59.78
2	北京航空航天大学	1209906	51.78
3	北京大学	1152022	78.83
4	北京理工大学	1062536	73.78
5	中国农业大学	855075	93.02
6	北京科技大学	816261	48.16
7	北京交通大学	595025	48.60
8	北京工业大学	479968	75.75
9	北京化工大学	409128	41.70
10	中国石油大学（北京）	371285	45.29
11	北京邮电大学	347892	48.13
12	中国地质大学（北京）	297047	59.34
13	北京师范大学	234478	82.68
14	北京林业大学	192971	89.82
15	华北电力大学	187651	25.26
16	中国矿业大学（北京）	169021	40.60
17	北京中医药大学	45862	72.72
18	中国人民大学	34487	88.36
19	中国传媒大学	12212	71.40
20	中国政法大学	10527	55.22
21	中央民族大学	5802	98.02
非“211”及省部共建公办高校			
1	首都医科大学	248177	89.69
2	首都师范大学	142466	95.86
3	北京建筑工程学院	90331	42.78

续表

排序	学校名称	当年拨入科技经费（千元）	政府基金所占比例（%）
非“211”及省部共建公办高校			
4	北京工商大学	66593	87.25
5	北方工业大学	65298	46.08
6	北京信息科技大学	55353	72.16
7	北京农学院	53418	89.56
8	北京石油化工学院	49362	86.40
9	北京联合大学	42067	80.04
10	北京印刷学院	37860	95.12
11	北京服装学院	19486	80.46
12	北京电子科技学院	12096	87.60
13	首钢工学院	133	9.77

注：相关数据根据 2010 年度《高等学校科技统计资料汇编》计算得出。

针对高校教师的多样性，样本应涵盖不同院系、不同行政职务和学术职称的专任教师，本书采用了分层随机抽样的办法，首先选取四所学校专任教师数最多的 5 个学院，为保障样本量达到数据分析的要求，各学院均按其专任教师规模的一半发放问卷（见表 4－3）。

表 4－3　高校内部学术资源配置问卷调查的学院抽样情况表

学院	专任教师数（人）	发放问卷数（个）	抽样比例（%）
北京师范大学			
教育学部	214	110	51.40
文学院	108	55	50.93
化学学院	97	50	51.55
数学科学院	93	50	53.76
法学院	81	45	55.56
小计	593	310	52.28

续表

学院	专任教师数（人）	发放问卷数（个）	抽样比例（%）
北京科技大学			
材料科学与工程学院	222	115	51.80
机械工程学院	192	100	52.08
冶金与生态工程学院	132	70	53.03
计算机与通信工程学院	116	60	51.72
数理学院	115	60	52.17
小计	777	405	52.12
首都师范大学			
外国语学院	141	75	53.19
文学院	100	50	50.00
政法学院	87	45	51.72
数学科学学院	85	45	52.94
教育学院	83	45	54.22
小计	496	260	52.42
北京工业大学			
信息工程学院	107	55	51.40
文法学院	90	45	50.00
建筑工程学院	79	40	50.63
经济管理学院	78	40	51.28
机电工程学院	68	35	51.47
小计	422	215	50.95
总计	2288	1190	52.01

注：表中各学院专任教师数均从该学院官网获知，数据采集时间为2013年1月8日。

3. 问卷回收情况

北京科技大学、首都师范大学和北方工业大学的问卷回收情况较为理想，大部分学院回收的有效问卷占发放问卷的比例超过20%（见表4-4）；但北京师范大学的问卷回收情况不理想，大部分院系回收的有效问卷均未能占发放问卷的20%，回收率过低，样本的代表性差，因此来自北京师范大学的样本将不纳入统计分析中。

表4-4　　高校内部学术资源配置调查的问卷回收情况表

学院	发放问卷数（份）	有效问卷数（份）	有效问卷比例（%）
北京师范大学			
教育学部	110	11	10.00
文学院	55	0	0.00
化学学院	50	6	12.00
数学科学院	50	8	16.00
法学院	45	10	22.22
小计	310	35	11.29
北京科技大学			
材料科学与工程学院	115	30	26.09
机械工程学院	100	83	83.00
冶金与生态工程学院	70	36	51.43
计算机与通信工程学院	60	13	21.67
数理学院	60	14	23.33
小计	405	176	43.46
首都师范大学			
外国语学院	75	74	98.67
文学院	50	45	90.00
政法学院	45	33	73.33
数学科学学院	45	23	51.11

续表

学院	发放问卷数（份）	有效问卷数（份）	有效问卷比例（%）
首都师范大学			
教育学院	45	44	97.78
小计	260	219	84.23
北京工业大学			
信息工程学院	55	45	81.82
文法学院	45	31	68.89
建筑工程学院	40	40	100.00
经济管理学院	40	33	82.50
机电工程学院	35	33	94.29
小计	215	182	84.65
总计	1190	612	52.01

在剔除北京师范大学的相关样本之后，纳入统计分析的样本总量为577。其中，来自理工科院系的样本共317个，约占样本总量的54.94%；来自文科院系的样本共260个，约占样本总量的45.06%，由此可见，回收的有效样本中，文科、理工科的样本量大致持平。

4.2.3 信度、效度检验与数据变量概况

1. 问卷整体信度

运用SPSS 20对问卷中采用五分量表的部分进行信度检验，涉及题目70项，有效样本量为478，结果如表4－5所示。

表4－5 学术资源配置问卷整体的内部一致性检验（N＝478）

Cronbach's Alpha	基于标准化项的Cronbachs Alpha	项数
0.923	0.932	70

从表4－5可看出，问卷的内部一致性α系数超过了0.9，证明问卷整体的内部一致性良好。

2. 问卷的结构效度

通过因子分析检验问卷结构效度，结果摘要如表4－6所示。

表4－6　问卷各分表的因素分析及信度检验摘要

分表	Cronbach's Alpha	KMO	Bartlett 球形检验	解释的方差比例	提取因子	题目编号	对应维度
影响资源配置的能力	0.959	0.915	p值 <0.001	82.21%	因子1_1	D1－D6	影响学术资源配置的能力
					因子1_2	D7－D10	影响其他重要资源配置的能力
对单位资源配置中的依赖	0.906	0.892	p值 <0.001	69.78%	因子2_1	E1－E6	对单位学术资源配置的依赖
					因子2_2	E7－E10	对单位其他重要资源配置的依赖
资源配置中的施助行为	0.941	0.918	p值 <0.001	80.09%	因子3_1	D17－D20	其他重要资源配置施助行为
					因子3_2	D11－D16	学术资源配置中的施助行为
资源配置中的受助行为	0.933	0.929	p值 <0.001	74.21%	因子4_1	D21－D26	学术资源配置中的受助行为
					因子4_2	D27－D30	其他重要资源配置受助行为
资源配置的满意度	0.907	0.904	p值 <0.001	68.24%	因子5_1	D31－D36	对学术资源配置的满意度
					因子5_2	D37－D40	对其他重要资源配置满意度
正向心理因素	0.911	0.866	p值 <0.001	78.00%	因子6_1	D42－D44	对单位管理决策的评价
					因子6_2	D45－D49	组织归属感

续表

分表	Cronbach's Alpha	KMO	Bartlett 球形检验	解释的方差比例	提取因子	题目编号	对应维度
负向心理因素	0.890	0.841	p 值 <0.001	71.75%	因子 7_1	**D50 – D55**	相对剥夺感
					因子 7_2	**D59 – D60**	离职倾向
					因子 7_3	D56 – D58	工作压力

注：对各维度的因素分析，均采用主成分分析法提取共同因素，然后用具有 Kaiser 标准化的正交旋转法（即最大方差法）进行转轴。“工作的整体满意度”仅有一个题目（D41），该题目不纳入因素分析中。

从表 4 – 6 可看出，问卷的各分表的内部一致性均接近或超过 0.9，说明各分表的信度良好；各分表取样足够度的 Kaiser – Meyer – Olkin 度量（KMO）值超过 0.8，Bartlett 球形检验的结果极其显著（P 值小于 0.001），证明分表项目的关联度极佳，适宜进行因素分析；各分表提取的因子所解释的方差所占比例均超过了 65%，且所提取的因子中，除“相对剥夺感”和“离职倾向”外（表 4 – 6 中加粗部分），大部分与问卷设计的维度相吻合（参照表 4 – 3），证明问卷的结构效度较好。

在对“负向心理因素”表进行因素分析时，“离职倾向”中的 D54、D55 被归入“相对剥夺感”这一维度中，仔细考察旋转成分矩阵，发现这两个题目在三个因子的负荷均超过了 0.3，证明这两个题目可能存在表意不清问题，导致难以将其简单归属到某个因子中，因此在后续的统计分析中，将这两道题目删除。

3. 数据概况与变量设置

样本的概况如下表所示。采集的样本男女比例各占 50%；年龄分布大体符合正态分布；学术职称以中级、副高级职称居多，也呈正态分布；拥有行政职务的专任教师约占样本总量的 10%。总体上看，所收集的样本具有一定的代表性（见表4-7）。

表4-7　　样本人口学统计概况

<table>
<tr><th colspan="2">条目</th><th>频率</th><th>百分比（%）</th><th>有效百分比（%）</th><th>累积百分比（%）</th></tr>
<tr><td colspan="6">性别</td></tr>
<tr><td rowspan="3">有效</td><td>男</td><td>309</td><td>53.6</td><td>54.3</td><td>54.3</td></tr>
<tr><td>女</td><td>260</td><td>45.1</td><td>45.7</td><td>100.0</td></tr>
<tr><td>合计</td><td>569</td><td>98.6</td><td>100.0</td><td>—</td></tr>
<tr><td>缺失</td><td>系统</td><td>8</td><td>1.4</td><td>—</td><td>—</td></tr>
<tr><td colspan="2">总计</td><td>577</td><td>100.0</td><td>—</td><td>—</td></tr>
<tr><td colspan="6">年龄</td></tr>
<tr><td rowspan="7">有效</td><td>小于等于30岁</td><td>51</td><td>8.8</td><td>8.9</td><td>8.9</td></tr>
<tr><td>31岁至35岁</td><td>151</td><td>26.2</td><td>26.2</td><td>35.1</td></tr>
<tr><td>36岁至40岁</td><td>149</td><td>25.8</td><td>25.9</td><td>60.9</td></tr>
<tr><td>41岁至45岁</td><td>98</td><td>17.0</td><td>17.0</td><td>78.0</td></tr>
<tr><td>45岁至50岁</td><td>79</td><td>13.7</td><td>13.7</td><td>91.7</td></tr>
<tr><td>50岁以上</td><td>48</td><td>8.3</td><td>8.3</td><td>100.0</td></tr>
<tr><td>合计</td><td>576</td><td>99.8</td><td>100.0</td><td>—</td></tr>
<tr><td>缺失</td><td>系统</td><td>1</td><td>0.2</td><td>—</td><td>—</td></tr>
<tr><td colspan="2">总计</td><td>577</td><td>100.0</td><td>—</td><td>—</td></tr>
<tr><td colspan="6">婚姻状况</td></tr>
<tr><td rowspan="4">有效</td><td>已婚</td><td>513</td><td>88.9</td><td>89.8</td><td>89.8</td></tr>
<tr><td>未婚</td><td>50</td><td>8.7</td><td>8.8</td><td>98.6</td></tr>
<tr><td>其他</td><td>8</td><td>1.4</td><td>1.4</td><td>100.0</td></tr>
<tr><td>合计</td><td>571</td><td>99.0</td><td>100.0</td><td>—</td></tr>
<tr><td>缺失</td><td>系统</td><td>6</td><td>1.0</td><td>—</td><td>—</td></tr>
<tr><td colspan="2">合计</td><td>577</td><td>100.00</td><td>—</td><td>—</td></tr>
</table>

续表

条目		频率	百分比（%）	有效百分比（%）	累积百分比（%）
学术职称					
有效	初级职称	15	2.6	2.6	2.6
	中级职称	222	38.5	38.8	41.4
	副高职称	255	44.2	44.6	86.0
	正高职称	80	13.9	14.0	100.0
	合计	572	99.1	100.0	—
缺失	系统	5	0.9	—	—
总计		577	100.0	—	—
行政任职（多选题）					
有效	有行政职务者	59	10.2	11.7	—
	大学校长/书记	2	0.3	0.4	—
	院系所负责人	54	9.4	10.7	—
	校职能处室负责人	21	3.6	4.2	—
	无行政职务	446	77.3	88.3	—
	合计	505	87.5	100.0	—
缺失	系统	72	12.5	—	—
总计		577	100.0	—	—

在正式开始统计分析之前，研究者运用问卷中的相关数据，构造了两个变量：学术权力评分与行政权力评分，以便在结构方程中能用这两个变量来衡量样本的学术权力与行政权力。其中，行政权力评分的计算方法如下：若担任“大学校长/书记”则赋值 4 分，若担任“院系所负责人”则赋值 2 分，担任校职能处室负责人的赋值 1 分，行政权力评分为上述赋值的加总，例如若有人同时担任院系所负责人和校内职能处室负责人，那么他的行政权力评分为 3。

学术权力评分的计算方法如下：首先按学术职称获得一个基准

分，初级职称的基准分为1，中级为2，副高级为3，正高级为4；然后根据研究对象的学术头衔赋予权重，其中“院士或国务院学科评议组成员”赋权0.4，“校学术委员会成员”赋权0.2，“院系学术委员会成员”赋权0.1。

学术权力评分 = 基准分 ×（1 + 赋权加总）

例如某人为正教授，同时兼任校、院两级学术委员会成员，那么他的学术权力评分为4 ×（1 +0.2 +0.1）=5.2。

4.3　研究结果

4.3.1　对学术资源配置组别差异的比较

1. 行政任职对各变量的影响

研究者用t检验比较了担任行政职务的群体与未担任行政职务的群体之间在学术资源配置相关维度的均值差异，结果如表4－8所示，为了节省篇幅，仅列出统计显著项目。

表4－8　　不同行政职务群体在不同纬度得分差异的T检验

维度	是否担任行政职务	有效样本	均值	标准差	均值差（是－否）	T检验显著性
影响学术资源配置的能力	否	445	1.40	0.70	0.47	<0.01
	是	59	1.87	0.89		
学术资源配置的施助行为	否	444	1.67	0.85	0.61	<0.01
	是	59	2.28	1.00		
其他重要资源配置的施助行为	否	444	1.37	0.70	0.26	0.03
	是	59	1.62	0.83		

续表

维度	是否担任行政职务	有效样本	均值	标准差	均值差（是－否）	T 检验显著性
学术资源配置的受助行为	否	445	2.09	1.06	0.68	<0.01
	是	59	2.77	1.14		
其他资源配置的受助行为	否	445	1.73	0.97	0.54	<0.01
	是	59	2.27	1.27		
对学术资源配置的满意度	否	445	2.39	1.01	0.55	<0.01
	是	59	2.94	0.95		
对其他资源配置的满意度	否	438	2.41	1.00	0.54	<0.01
	是	57	2.95	0.95		
相对剥夺感	否	437	3.14	1.02	-0.75	<0.01
	是	57	2.40	1.06		
离职倾向	否	435	2.07	1.03	-0.34	0.01
	是	57	1.73	0.83		
工作满意度	否	434	3.04	1.13	0.41	0.01
	是	56	3.45	1.03		
近3年主持课题数	否	446	1.79	2.34	1.04	<0.01
	是	59	2.83	2.36		
近3年主持课题经费数（万元）	否	446	27.73	59.47	42.57	0.03
	是	59	70.29	146.26		
年收入（万元）	否	440	8.90	6.93	3.14	<0.01
	是	57	12.04	4.95		

总体上看，担任行政职务的群体与没有行政职务的群体相比，对学术资源配置的影响力更高；在资源配置中更多地表现出互助行为（学术资源配置中的施助行为与受助行为、其他重要资源配置中的施助行为与受助行为）；相对剥夺感和离职倾向较低；近3年主持课题数及其经费总额、年收入也比不担任行政职务的群体高。

2. 学术职称对各变量的影响

研究者用 t 检验比较了副高以上职称与副高以下职称之间在学术资源配置相关维度的均值差异，结果如表 4 –9 所示。

表 4 –9 不同学术职称群体在不同维度得分差异的 T 检验

维度/因子	副高级以上职称	有效样本	均值	标准差	均值差（是 – 否）	T 检验的显著性
组织归属感	否	227	3. 50	0. 92	0. 19	0. 01
	是	322	3. 69	0. 85		
相对剥夺感	否	226	3. 30	1. 09	–0. 39	<0. 01
	是	323	2. 91	0. 97		
工作满意度	否	225	2. 94	1. 14	0. 26	0. 01
	是	318	3. 19	1. 11		
近 3 年主持课题数	否	237	1. 11	1. 90	1. 26	<0. 01
	是	335	2. 37	2. 47		
近 3 年主持课题经费数（万元）	否	237	10. 37	26. 42	36. 04	<0. 01
	是	335	46. 41	92. 90		
近 3 年获得科研奖项数	否	237	0. 10	0. 40	0. 10	0. 01
	是	335	0. 21	0. 55		
年收入（万元）	否	233	7. 78	4. 39	2. 50	<0. 01
	是	325	10. 28	7. 82		
工作时间（小时）	否	235	8. 92	3. 16	0. 78	<0. 01
	是	332	9. 70	3. 10		
近 5 年发表期刊论文数	否	237	5. 38	6. 89	5. 65	<0. 01
	是	335	11. 03	11. 92		

总体上看，副高以上职称群体在组织归属感、工作满意度、近 3 年来主持课题数目和经费总额、近 3 年来获得科研奖项数、近 5 年发表期刊论文数、年收入和工作时间上均高于副高以下职称的群体，在

相对剥夺感的知觉上得分较低。

4.3.2 对学术权力、行政权力影响学术资源配置的路径分析

本部分运用基于结构方程模型的路径分析对学术权力、行政权力影响资源配置的理论模型进行验证，一般来说，运用结构方程模型（SEM）对模型进行验证可采用三种策略：一是严格验证策略，研究者收集恰当的样本，运用结构方程检验模型假设与样本数据是否匹配，其结果不是放弃模型就是接受模型，不对模型进行修正，此种方法适用于有坚实理论基础且已经过多次检验的模型；二是模型替代或竞争策略，即允许提出多个模型，通过结构方程模型检验哪一个模型适配性最佳，此种方法适合有一定理论假设，但对模型中某些变量间关系并不确定的情况；第三种为模型发展策略，通过建构一个与实证数据相契合的模型，最终目的是推演出具有理论价值并在统计上适配良好的模型，运用此策略时可不需要先行建立理论假设。本研究虽已搭建了理论模型框架，但对该模型中某些变量间的因果关系并不确定，因此适用于第二种策略，即模型竞争策略，通过对原有的理论框架进行修正，获得多组模型，从中找出适配性最佳的替代模型。（吴明隆，2010）

1. 替代模型的选取

首先，研究者运用 AMOS 20 估算了理论框架详图（图 4 – 2）中所描绘模型的路径系数和适配指数。需特别说明的是，纳入统计分析的 5 个变量（“学术资源配置中的施助行为”“学术资源配置中的受助行为”“对单位学术资源配置的依赖”“影响学术资源配置的能力”“对学术资源配置中的满意度”），均为所对应维度题目得分的平均分。模型的统计分析结果如图 4 – 2 所示。

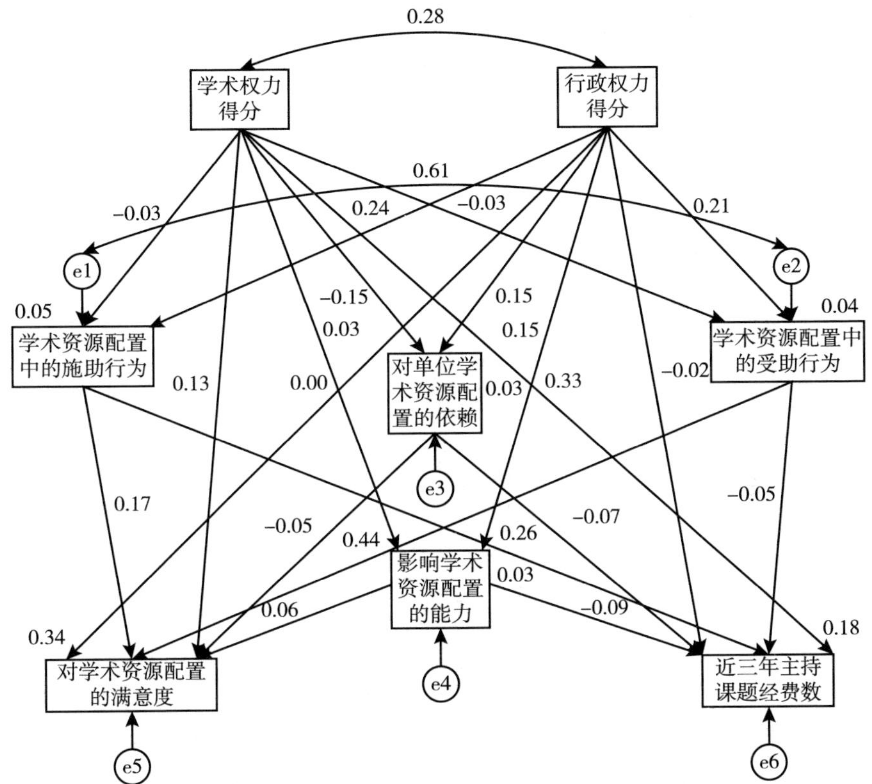

卡方值= 332.044（P值<0.001）；自由度=6
RMSEA=0.341；AGFI=0.320；GFI=0.887

图 4－2　微观层面学术权力、行政权力影响学术资源配置的路径分析结构

从模型的适配指数来看，卡方值的 P 值小于 0. 001，RMSEA 大于 0. 08，GFI 和 AGFI 均小于 0. 9，这说明理论框架所设计的模型未能与数据的实际情况相适配，需加以修正。通过反复试误，发现造成适配度低的原因主要在“对单位学术资源配置的依赖”和“影响学术资源配置的能力”这两个变量上，据此，研究者提出了三种替代模型：

模型 1 将上述“对单位学术资源配置的依赖”和“影响学术资源配置的能力”都删除；

模型 2 删除了“对单位学术资源配置的依赖”，保留“影响学术资源配置的能力”；

模型 3 与模型 2 相反，仅保留“对单位学术资源配置的依赖”。三组替代模型与原模型的适配度指数摘要如表 4－10 所示。

表 4－10　高校内部学术资源配置路径分析模型适配度指数摘要

统计检验量	适配度标准或临界值	原模型	模型 1 删去“依赖度”“影响力”	模型 2 仅删去“依赖度”	模型 3 仅删去“影响力”
绝对适配度指数					
卡方值的显著性	p 值 >0.05	332.044 p 值 <0.001	1.889 p 值 =0.169	326.183 p 值 <0.001	4.513 p 值 =0.211
RMSEA	<0.05 优良 <0.08 良好	0.341	0.044	0.481	0.033
GFI	>0.90	0.887	0.999	0.874	0.997
AGFI	>0.90	0.320	0.972	－0.178	0.974
增值适配度指数					
NFI	>0.90	0.649	0.997	0.646	0.993
RFI	>0.90	－0.638	0.951	－1.480	0.948
IFI	>0.90	0.653	0.998	0.648	0.997
TLI	>0.90	－0.658	0.976	－1.515	0.982
CFI	>0.90	0.645	0.998	0.641	0.997
简约适配度指数					
CN	>200	18	948	12	807
卡方自由度比	<3.00	55.341	1.899	108.728	1.504
AIC	越小模型越精简	392.044	41.889	376.183	54.513
CAIC	越小模型越精简	546.433	144.816	504.841	183.171
ECVI	越小模型越精简	0.841	0.090	0.807	0.117

在选择替代模型时，可以从模型的复核效度（cross-validation）指

标判断模型的优劣，复核效度指标包括 AIC、CAIC、ECVI 等，这些指标的值越小，表示模型越精简。在表4-10中，原模型与模型2在各项适配指标上均不达标，可先排除；比较模型1和模型3的各项适配度指数，发现模型3在卡方值的显著性、RMSEA、AGFI 这三个绝对适配度指标上略优于模型1，但在增值适配度指标上，NFI、RFI、IFI 和 CFI 这四个指数均比模型1略差；在复核效度指标上，模型1在 AIC、CAIC 和 ECVI 这三个指数上均优于模型3。通过比较可知，模型1应是最佳模型，根据模型1对理论框架进行修正："学术资源配置中的行为模式"的四个维度中，学术资源配置的施助行为、受助行为这两个变量作为中介变量，对学术资源的配置产生影响，而对组织资源配置的影响力和依赖程度这两个变量不起作用。修正后的替代模型及其回归结果如图4-3所示。

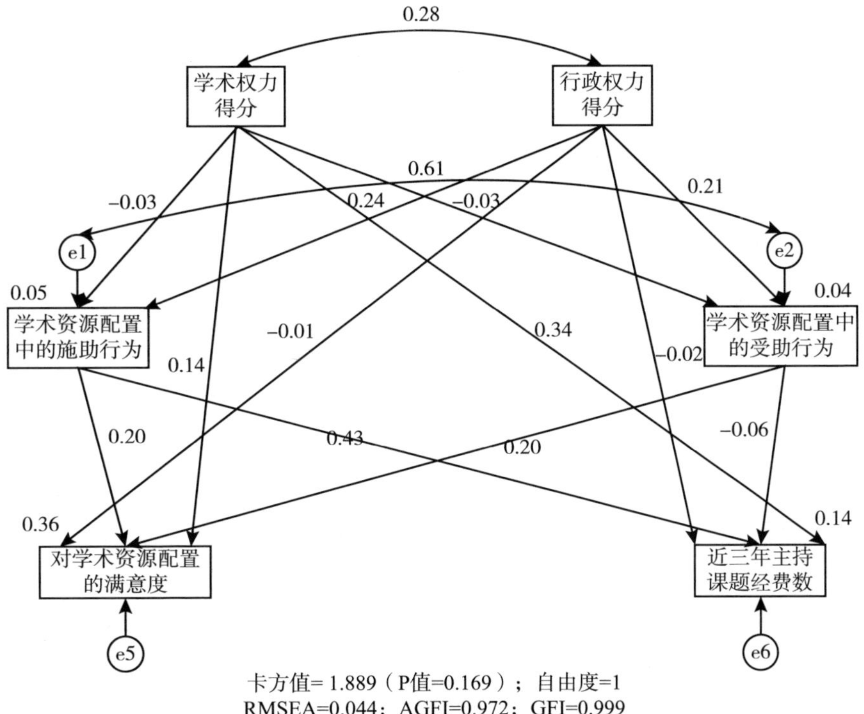

图4-3 微观层面学术权力、行政权力影响学术资源配置的替代模型分析结果

2. 模型中诸变量间的系数

变量间的标准化回归系数，亦即标准化的直接效果值如表 4 – 11 所示。

表 4 – 11 高校内部学术资源配置路径分析的标准化回归系数表

因变量	标准化回归系数	P 值
	自变量：学术权力	
施助行为	–0. 032	0. 492
受助行为	–0. 030	0. 522
满意度	0. 136	<0. 001
课题经费	0. 340	<0. 001
	自变量：行政权力	
施助行为	0. 239	<0. 001
受助行为	0. 207	<0. 001
满意度	–0. 012	0. 769
课题经费	–0. 022	0. 631
	自变量：施助行为	
满意度	0. 204	<0. 001
课题经费	0. 201	<0. 001
	自变量：受助行为	
满意度	0. 429	<0. 001
课题经费	–0. 059	0. 290

学术权力对学术资源配置中的施助行为和受助行为的影响均不显著，但对学术资源配置的满意度、近 3 年来主持课题经费数均有显著直接影响，其中对满意度的标准化回归系数（标准化的直接效果值）为 0. 136，对课题经费的系数为 0. 340。

行政权力对学术资源配置的满意度、近 3 年来主持的课题经费均没有直接的显著影响，但对学术资源配置中施助行为、受助行为有显著影响，其标准化回归系数分别为0.239、0.207。

施助行为对学术资源配置的满意度、近3年来主持的课题经费均有显著影响，其标准化回归系数分别为0.204、0.201；受助行为仅对满意度有显著影响，其系数为0.429。

在原先的理论假设中，行政权力与学术权力之间有协方差，学术资源配置中的施助行为和受助行为也存在协方差。这两组协方差均显著，其标准化系数（相关系数）分别为0.282和0.612（见表4－12）。

表4－12　　高校内部学术资源配置路径分析的协方差及其显著性

协方差	协方差	相关	P值
行政权力↔学术权力	0.174	0.282	<0.001
施助行为的残差↔受助行为的残差	0.553	0.612	<0.001

对模型的标准化回归系数进行整理并计算其间接效果值和总效果值，结果如表4－13所示。

表4－13　　高校内部学术资源配置路径分析模型中各变量的影响效应表

因变量	自变量			
	学术权力	行政权力	施助行为	受助行为
标准化的总效果值				
施助行为	不显著	0.239	—	—
受助行为	不显著	0.207	—	—
满意度	0.136	0.138	0.204	0.429
课题经费	0.340	0.048	0.201	不显著
标准化的直接效果值				
施助行为	不显著	0.239	—	—
受助行为	不显著	0.207	—	—
满意度	0.136	不显著	0.204	0.429
课题经费	0.340	不显著	0.201	不显著

续表

因变量	自变量			
	学术权力	行政权力	施助行为	受助行为
标准化的间接效果值				
施助行为	—	—	—	—
受助行为	—	—	—	—
满意度	<0.001	0.138	—	—
课题经费	<0.001	0.048	—	—

从标准化的总效果值来看，行政权力与学术权力对学术资源配置满意度的影响约略相当，分别为0.138、0.136，行政权力的效果值略高；在对近3年主持课题经费的影响上，行政权力的总效果值约为学术权力的1/7。

从权力对学术资源配置起作用的路径来看，学术权力对于学术资源配置的满意度、近三年主持课题的经费数量都只有直接效果，没有间接效果，而行政权力则刚好相反，对学术资源配置的主客观结果（满意度和经费数）均仅有间接效果。

行政权力是通过两条路径对学术资源配置满意度产生影响的：一是通过学术资源配置的施助行为来影响满意度，其标准化效果值为行政权力对施助行为的直接效果值（0.239）与施助行为对满意度的直接效果值（0.204）的乘积，约0.049；二是通过学术资源配置的受助行为对其满意度产生影响，其标准化效果值为行政权力对受助行为的直接效果值（0.207）与受助行为对满意度的直接效果值（0.429）的乘积，约为0.089。

行政权力主要通过学术资源配置的施助行为间接地对课题经费的配置产生影响，其间接效果值为0.048，是行政权力对施助行为的直接效果值（0.239）与施助行为对课题经费的直接效果值（0.201）的乘积。

综上所述，行政管理者通过掌握学术资源配置中的行政分配权，使得他人对行政管理者产生依赖关系（表现为施助行为），行政管理者因此能间接获取课题经费，提升自己对学术资源配置结果的满意度。

第 5 章

研 究 结 论

5.1 实证研究的主要发现

资源依赖理论表明，高校科研事业的正常发展与持续繁荣依赖于政府、市场的资源供给，因此，高校学术研究必然要回应政府、市场的正当诉求；政府、市场在控制了对高校科研活动资源供给的同时，能在高校组织的外部影响甚至操控校内科研活动的方向与模式。考察这一理论的最有效的手段是对历年高校科研经费收支结构的分析，因为潜藏在科研经费中政府、市场资金份额变化的背后是政府、市场对高校控制力的强弱变化，而科研经费支出行为的变化则反映了高校学术研究活动在政府、市场影响下的深刻变革。

从宏观学术资源配置来看，根据前文中对于高校收入结构的分析（参见表 3 – 11），近年来（2002 ~ 2017 年）我国政府部门专项费在高校科技经费中所占的比例逐年上升，从 2002 年的 38. 3% 增长到 2012 年 58. 6%；与此同时，来自企事业单位的委托经费所占比例大幅下降，从 2002 年的 39. 6% 下降到 2017 年的 28. 5%，甚至与行业、市场联系最紧密的理工科高校科技经费中来自企事业单位的占比也降至 40% 以下（参见表 3 – 17）。这说明近年来高校科研事业严重依赖政府拨款，吸引企业、行业投资的能力有所下降。另外，高校用于维持高校科研活动基本运作、补偿间接成本和人力耗费的科研事业费所占比例在逐年下降，从 2002 年的 13.8% 跌至 2017 年的 5.2%，说明科技经费中保障性运营经费占比下降，竞争性专项经费占比提升。总体来看，随着政府拨款在高校科技经费中所占比例的扩大，政府对高校科研活动的控制能力在逐渐加强。而且政府配置经费的方式发生了改变，随着科研事业费所占比例的减小和政府专项费比例的增大，原先“定员定额”的科研经费拨款方式已被项目导向、绩效导向的政府专项拨款模式所取代，尤其是“双一流”政策出台之后，高校围绕学科建设开展的学术竞争日渐激烈。

那么政府对高校科研拨款力度的增强和拨款模式的变化究竟会带来什么后果呢？首先，重点大学、中央部委所属院校与非重点大学、地方院校之间存在巨大的资源鸿沟。2017 年，“双一流”高校校均科技经费拨入是非“双一流”高校的 16.1 倍，政府科技经费是非“双一流”高校的 17.4 倍，企事业单位科技经费是非“双一流”高校的 20.3 倍（参见表 3 - 24）。同样的，部属院校 2017 年科技经费拨入是地方院校的 15.9 倍，政府科技经费是地方院校的 17.3 倍，企事业单位科技经费是地方院校的 18.6 倍（参见表 3 - 25）。结合政府权力对高校学术资源配置中的作用方式，这种变化充分体现了政府选取少数部属高校加以“重点建设”的政策取向。非重点的院校与地方院校在学术资源尤其是科技经费相对不足的情况下，为弥补其竞争劣势、保障科研事业健康发展，将学校基金、技术转让、社会服务所带来的各项收入投到科研经费中，2017 年非重点本科院校、地方院校科技经费中各种收入转为科技经费的比例已超过 12%（参见表 3 - 13 和表 3 - 15），远高于重点大学、各部委所属高校的比例（3%），由此可见学术资源分配的不均衡对非重点本科院校、地方院校的科研事业发展造成了巨大阻力。

其次，政府对学科发展的重视充分体现在高校科研经费支出中对基础研究的倾斜。通过分析面板数据模型（参见表 3 - 35 和表 3 - 36），

2012～2017年间，高校政府部门专项费所占比例每增长1个百分点，高校的基础研究支出占比增加0.48%，应用研究支出占比减少0.40%，试验发展研究支出的比例便减少0.18%。与之相对应的是，高校科技经费中企事业单位委托经费的比例每增加1个百分点，基础研究支出的占比减少0.46%，而应用研究支出的占比增加0.45%，试验发展支出占比减少0.17%。而根据前文所述（参见表3-14），2002年以来，高校研究与发展经费中政府部门专项经费占比增加了20%，而企事业单位委托经费占比下降了约11%（参见表3-11），相应的，基础研究支出占比从18.8%增长到39.0%，增长了20%，而应用研究支出占比则从55.7%下降至48.7%，下降7%（参见表3-22）。基础研究和应用研究支出此消彼长，反映了政府主导在学术资源分配上推动学科建设、侧重基础研究的政策取向，这与中国目前建设世界一流大学、打造世界一流学科的战略规划相吻合。

再次，科技经费中业务费过半，科研投入中“重物轻人”的倾向尚未扭转。研究发现，2002～2017年间，科研经费支出中业务费的比例在50%上下波动（参见表3-18），通过分析面板数据模型（参见表3-35），发现科技经费收入中的政府部门专项经费占比能显著提高其支出中业务费的比例，政府部门科技经费（包括主管部门专项费、其他政府部门专项费）占比每增加1%，业务费占比增加0.24%，这说明业务费是政府资助高校科研的主要形式。在人力和物力投入方面，2002年至2017年间，高校科技经费支出中的科研人员费比例先降后升，其拐点大约出现在2015年左右，而固定资产购置费比例先升后降，其拐点大约出现在2008年左右（参见表3-18），这说明高校科研投入在2008年以前主要是侧重物力投入以提升科研硬件条件，相对忽视科研人力资本投入，在2015年之后，科研人员智力劳动的成本补偿机制逐渐理顺，科研人员费占比有所提高。但目前来看，高校科技经费支出中固定资产购置费的占比仍高出科研人员费2个百分点，科技经费投入在一定程度上仍存在“重物轻人”的倾向。另一方面，部分高校通过自筹经费购置固定资产，根据面板数据模型分析结果（参见表 3 －38），科技经费中来自学校各项收入的比例每增大1%，固定资产购置费的比例也相应提升 0.20%，联系前文中非重点本科院校、地方院校 2012 年以来固定资产购置费的比例长期维持在22%以上（参见表3 －19 和表3 －20）的现象，可以看到非重点本科院校、地方院校仍试图通过科研硬件升级追赶重点大学、部委院校。

最后，政府主导的课题分配、奖项评审机制导致学术资源配置中的“马太效应”。路径分析的结果显示（参见图3 －5、表3 －41），课题分配和奖项评审已形成固定的利益分配格局，往年的课题分配结果对来年的课题分配机会影响效应最大，同样的，往年的奖项评审结果基本决定了来年的科研获奖机会，这证明政府主要是按照一种固定的偏好而非高校的实际情况来分配课题和奖项，正如李红宇（2011）所述，“某些大学是根据它们过去的声誉和被期待的贡献，而不是根据它们当前的表现来得到教育资源分配”。另外，往年的课题、奖项数量对高校当年的人力、经费等有形资源配置有正面影响，而高校人力、经费的增长又反过来对来年高校的课题承接、奖项获取产生了正向促进，尽管这种正向促进作用弱于往年课题奖项对来年课题奖项的直接影响，但课题奖项分配和人力财力分配相互结合，已经形成了这样一个封闭的循环：课题奖项越多则高校投入科研的人力、财力越充裕，而科研人力、财力的增长又能增大高校获取课题奖项的机会，在这一循环中，强者越强，弱者越弱，而主导这一循环的正是政府对于高校的固定偏好，即政府在历年课题分配、科研评奖中不受高校人力、财力规模直接影响的部分（直接表现为往年课题奖项对来年课题奖项的影响）。由此可以得出结论：政府通过主导课题奖项分配，造就和固化了高校学术资源配置中的利益分配格局，将有限的无形资源（课题奖项）和有形资源（人力财力）不断向少数符合“政府偏好”的高校集中，“马太效应”凸显。在课题评审、科研评奖中处于劣势的高校要想突破自身困境，一方面要不惜代价争取政府的“扶持”“青睐”，另一方面也要积极寻求体制外的科研资金注入，才有机会进入这个学术资源循环增长的“终南捷径”。

在微观学术资源配置中，学术资源配置中的施助行为反映了他人对研究对象的资源依赖，而受助行为则相反，反映了研究对象对他人的资源依赖。通过路径分析发现，行政权力对学术资源配置的结果没有直接影响，但有间接影响：通过资源配置中的施助行为，掌握行政权力的人能间接获取课题经费，提升自己对学术资源配置结果的满意度（参见图4－3和表4－13）。这一结果表明，在学术资源配置中，一方面行政权力通过掌握学术资源的分配权，使他人对于行政管理者产生了资源依赖，这为行政管理者提供了获取课题经费的间接渠道。另一方面，相对于行政权力而言，学术权力对资源配置的影响是直接的，学术权力的强弱直接影响了经费配置的多寡和满意度的高低，而施助行为（他人的依赖）与受助行为（依赖于他人）都不能为学术权力提供影响经费配置的渠道。这一结果证明，学术权力掌握的是学术资源的使用权而非分配权，其对资源配置的影响仅限于自身（只有直接效应），不能对他人的资源配置产生影响（没有间接效应）。从行政权力与学术权力对学术资源配置的总效应来看，行政权力对课题经费的影响效应仅相当于学术权力的1/7，但考虑到高校内掌握行政权力的管理者往往拥有高级职称和学术头衔，行政管理者兼具行政身份和学术身份，同时掌握行政权力和学术权力，这两种权力对资源配置的叠加效应使得行政管理者既拥有对学术资源的分配权，又有使用权。与其他没有行政职务的学者相比，行政管理者既可通过其学术身份直接使用课题经费，又可运用其行政职权间接获取项目资金，在资源分配中掌握了相对优势。

5.2 对研究结果的反思

自1983年之后，政府逐步确立了以“重点建设”为特征的高等教育战略规划，以专项经费的形式重点扶持少数高校、部分学科优先发展，在随后的30年里，先后出现了“重中之重”项目、“211工程”、“985 工程”、“2011 计划”、“双一流”建设等一系列体现“重点建设”思维的重大政策，对高等教育资源分配体制产生深刻影响：原先强调“平均主义”的“基数加发展”经费拨款模式逐步让位于更加适应“重点建设”思维的“综合定额加专项补助”模式。少数高校在政府专项经费的支持下获得了突飞猛进的发展，来自政府部门的专项经费日益成为政府引导教育资源流向、体现政策扶持重点的有力工具。对于高校而言，专项经费已演变为决定高校在高等教育体系中层级地位、影响高校科研事业持续稳定发展的关键资源，由不得高校不趋之若鹜。高校对政府专项经费的依赖是政府引导乃至控制高校发展的基石。

那么政府专项经费对高校科研事业发展带来了哪些影响？我们在实证研究中发现，政府专项经费的提升促使高校将更多资源投入到基础研究中，而基础研究上的突破创新能从整体上提升科研实力、带动学科发展，可以说，政府以专项经费为杠杆，为我国少数高校、少数学科追赶世界一流提供了充足动力。但公共政策总是利弊相随的，根据实证研究的结果，目前专项经费主导的高校学术资源配置主要存在以下问题：

（1）部门主导的重点建设项目拉大了高校之间的资源分配不公。前文实证研究的结果表明，重点大学与非重点大学、部属院校与地方院校之间、“双一流”大学与非“双一流”大学之间在资源分配上的差异超过了 10 倍，且逐年扩大，这种资源分配不均衡的背后是高校之间在资源获取机会上的不公平。众所周知，高校科技经费中的专项经费主要来自其主管部门，这种拨款体制突出了主管部门在资源分配中的导向作用，而主管部门倾向于根据自身利益分配资源，通常优先照顾本部门所属高校，对其他高校设置障碍。由此学术资源按部门、按层级被分割成了一个个难以融通的“条块”，这些“条块”所包含资源的多寡取决于所属部门调动资源的权能。一般来说，在政府这种典型的科层组织内，各个部门调用资源的权能按其行政级别由上而下递减，因此，中央各部委能够调用更多有形、无形资源用于支持所属高校的发展，相比地方院校，部属院校所在“条块”中资源更充裕，在获取各项资源的机会上有“先天优势”。简而言之，在目前这种条块分割的学术资源配置体制下，部属院校将其行政级别上的强势转化为学术资源分配上的优势，最终导致“资源分配与行政级别挂钩”的现象。另外，地方主管部门在分配学术资源的过程中沿用了“重点建设”的思路，人为地将所辖高校分为三六九等，全力扶持少数地方院校与部属院校展开竞争，这种分配模式无疑加剧了地方院校之间学术资源的分配不公。本书并不否认高校学术资源配置中适度分层的合理性，但学术资源配置中的层级差异应是基于高校差别定位和公平竞争的结果，目前这种部门主导、条块分割的学术资源分配模式中，行政意志压倒了公平竞争，不仅不利于提升学术资源配置的整体效能，而且将高校束缚在行政划分的等级序列中，养成了惰性削弱了活力，不利于高校科研事业的健康发展。

（2）科技经费收入支出结构不合理，“见物不见人”的问题仍较严重。实证研究发现政府部门专项经费所占比例的提高显著提升了科技经费支出中业务费的比例，但却显著降低了科技人员费的比例（参见表3－35），而科研事业费所占比例对于科研人员费比例产生了显著的正效应，对固定支出购置费比例产生了显著负效应（参见表3－37）；与之相反的是，各种收入转为科技经费比例对于科研人员费比例产生了显著负效应，对固定资产购置费比例产生了显著正效应（参见表3－38）。考虑到近年来高校科技经费中政府部门专项经费比例、各种收入转为科技经费比例明显提升，而科研事业费的比例大幅下降（参见表3－11），上述科技经费收入结构的变动导致部分高校尤其是地方高校科研经费支出中的物力投入（固定资产购置费）长期处于20%以上，人员支出（科研人员费）占比长期维持在15%左右（参见表3－20），加之业务费占比维持在50%左右，现行财务管理制度对于劳务支出等人员经费的比例严格管控，总体上看，科研经费中重物轻人的倾向仍较为突出，难以满足高校学术研究的实际需要。历史上看，政府专项经费拨款中的轻视人力成本补偿的倾向是有历史渊源的。

20 世纪八九十年代，高等教育经费严重短缺，政府为保障高校科研投入效益，一方面选取少数高校加以“重点建设”，另一方面也试图在经费使用上有针对性地解决阻碍高校科研事业发展的关键问题。当时高校普遍存在的问题是相对落后的硬件条件难以满足前沿科学研究的正常需要，为此，首期“211 工程”把“学校整体条件建设”列为首要目标，要求“加强教学、科研必需的基础设施建设、实验室建设等，为培养及吸引优秀人才创造必需的条件”。但随着 30 年来的持续投入，高校科研硬件条件相对薄弱的问题已大为缓解，少数重点大学、部属院校的科研硬件条件甚至赶超国外一流大学的平均水平，而科研人力投入反倒成为制约科研事业发展的“软肋”。那么，为什么政府专项经费在改善物力投入的同时未能兼顾人力投入？表面上看来是强化专项经费管理、坚持“专款专用”原则的结果，但潜藏在背后的逻辑是物力投入表现为有形有质、易于量化的仪器设备和固定资产，更能凸显专项经费投入的“政绩”，而人力投入的效用不明，容易给人经费滥用的印象，因此严格限制科研活动中的人员经费支出。但是，治理经费滥用的根本途径是健全科研经费审计和成本核算制度，而不是片面限制人员经费支出，这种因噎废食的做法一方面导致科研活动中的人力资源耗费得不到合理合法补偿，科研人员薪酬待遇偏低，难以吸引留用高级人才；另一方面，限制人员经费支出不仅不能治理科研经费滥用，反倒迫使部分科研人员为改善薪酬待遇，虚报账目、挪用经费，加大了“科研腐败”发生的概率。

课题申报和奖项评选所带来的“马太效应”阻碍了公平竞争。实证研究表明，高校往年的课题评审、科研评奖对未来课题承接、科研获奖情况的影响效应最大，课题奖项的分配是学术资源配置中“马太效应”现象的发端。考虑到政府相关部门是课题评审、科研评奖的主导力量和责任主体，我们不得不发问：目前学术资源配置中的“马太效应”是否具有合理性？政府通过主导课题奖项维持现有资源分配格局的考虑是什么？首先，“马太效应”意味着资源向着少数组织或个人聚敛，经济学理论告诉我们，任何一个自由竞争市场发展到最后或多或少都会出现马太效应，马太效应的出现往往预示着垄断组织开始形成，企业组织之间的公平竞争难以持续。当然，学术资源配置不能完全等同于市场配置，政府通过各种直接、间接手段将学术资源集中到少数大学的做法有其合理性，在这些合理性中，最重要的一条便是若不把资源向少数大学倾斜，将难以在财力有限的条件下建设世界一流大学。但是，仅凭少数几所一流大学便能支撑起整个国家的科技发展？显然，科研事业的健康发展需要的是一个充满活力的高等教育生态系统，而不是少数几所大学形成的“卡特尔”。而目前课题、奖项评选加剧了学术资源分配格局固化，不仅不利于营造公平竞争的环境、激发高校革新科研体制的活力，而且还进一步加大了高校对政府的资源依赖，导致行政化问题难以根治。更不用说行政意志主导的课题、奖项评选无法避免政府部门的干涉，官场上的人脉关系渗透到学术评价体系中，难以保证课题、奖项评选的客观公正。无法坚守客观公正原则的课题分配、学术评价将释放错误信号，误导政府的资源分配决策，造成学术资源分配的错位和低效。总而言之，资源分配中的“马太效应”并非“罪大恶极”，但从科研事业长久发展的大局来看，利益分配固化所带来的学术资源垄断不仅不利于大多数处在资源分配弱势的高校的发展，对于少数获得资源分配优先权的高校而言，也将因为缺少竞争而逐渐失去改革动力，科研事业有可能在因循中停滞不前。

（3）行政权力对学术资源分配权的垄断是高校内部行政化的根源。路径分析证明，行政管理者通过与资源依赖相关的施助行为，能间接增加自身的科研经费，这说明高校内部的行政权力在分配学术资源的过程中出现了“权力寻租”现象。众所周知，高校行政权力作为政府权力的代言人，代表政府相关部门掌握了高校内部学术资源的分配权。出于权力自我膨胀的本性，行政权力将手中掌控的资源分配权变成了套在所有学者脖子上的“缰绳”：学者在获取学术资源的过程中严重依赖行政管理者的分配，二者之间产生了不对等的权力关系，在制度层面，行政权力压倒学术权力，行政决策代替学术决策，学术组织成为行政组织的附庸；在文化层面，“官本位”思想盛行，学者争当官员，对等级身份的追求压倒了对真理智慧的热爱；这些现象都是行政化的“典型病症”。由此可以推断，高校内部行政化问题的症结之一在于行政权力对学术资源分配的垄断，唯有打破这种垄断，将学术资源分配权归还到学术权力手中，才能有效遏制高校内部行政化，突破现代大学制度建设的关键瓶颈。

第 6 章

改进高校学术资源配置的对策建议

针对宏观学术资源配置中出现的政府部门权能过大、高校竞争机制缺失、人员经费相对不足、资源分配马太效应凸显等问题，以下几个方面措施有助于问题的解决。

1. 理顺政府高校关系，依托三方拨款机构，约束政府权能

目前学术资源配置中诸多问题的根源都在于政府权能过大，资源分配中行政意志压倒学术权力，忽视了科学研究的基本规律和实际需要，过于强调行政主导，造成科技经费分配的“跑冒滴漏”现象突出。要解决这一问题，需要从两个方面入手，首先要转变政府在学术资源配置中的职能角色，强化政府在学术资源配置中规划、引导、服务、监督等方面的作用，从行政命令式的直接管控变为经费引导式的间接干预。其次要建立第三方中介拨款机构作为政府和高校之间的缓冲，可仿效英国建立大学拨款委员会，以拨款委员会为载体，吸收政府、高校和企业的代表作为主要成员，在科研拨款的过程中建立健全利益协商机制，充分吸收各方意见。

2. 完善间接成本补偿，强化人员经费保障，优化配置结构

由于缺乏成本核算机制，目前政府对高校的科研拨款并未完全按照科研活动中的实际需要和成本耗费进行，成本核算的缺位导致了经费配置的错位，尤其是间接成本补偿机制缺失、科研人员经费保障不力这两大问题日渐突出，学术资源配置的结构与科学研究活动的实际需要不相匹配。要革除现有科研拨款体制的弊病，需打破现有经费管理体制中对人员经费等支出项目的粗略管控，代之以科研经费的“实报实销”和全成本核算制度，为加强监督，可推进结题环节财务审计的常规化，委托第三方财务机构对科研经费的全部来源和支出去向进行审计，并对其中出现的问题追责。在完善成本核算的基础上，建立间接成本预算制度，目前高校科研活动间接成本补偿主要依靠科研事业费和项目管理费（林建华，2007），但因制度僵化、标准偏低等问题，不能完全弥补科研活动的耗费，政府可考虑通过第三方拨款机构，以多方协商的形式划定科研经费中间接成本补偿比例，然后再按照科研单位所获取的专项经费配套拨付间接补偿经费，间接补偿经费的使用应体现科研单位的自主权，由其自行统筹安排，用于基础设施维护和专职科研人员聘用等。在保障人员经费方面，应考虑将高校科研人员的相关费用纳入政府部门专项经费的补偿范畴，参照美国大学通行做法，允许科研人员根据一定时期的工作量和津贴标准从项目经费中支取工资；为监管财务漏洞，可规定科研活动中的人员经费不得按比例一次性预提，必须通过高校委托银行发放的形式，定期转入科研人员账户（徐孝民，2009）。

3. 拓宽经费筹措渠道，构建高校理事制度，引导市场参与

根据资源依赖理论，高校科研经费中政府部门专项费份额的逐年提高导致了高校对政府的依赖程度日渐加深，而高校对政府严重的资源依赖已成为行政化问题难以根治的“病灶”。为了根治高校行政化问题，保障办学自主权，需弱化高校对政府的资源依赖，而拓宽经费筹措渠道、提高科研经费中市场资金的比例是削弱高校对政府拨款依赖的最直接方法。有学者对于加大市场对高校科研的投入心存顾忌，认为市场资金的注入可能带来高校科研活动中功利性行为的增加，导致大学学术传统受到“大学行政化”和“学术资本主义”的双重侵蚀（王英杰，2012）。但在大学走入社会中心的现代，大学办学活动越来越难以避免外界影响，已不可能通过将利益相关方拒之门外的方式来守护学术净土，更切合实际的做法是在政府、市场之间找到一个利益平衡点，在争取学术资源的同时最大限度保全高校的自主权。当然，市场资金也不是包治百病的良方，作为科研经费支撑的市场资金有两点“先天不足”：首先是市场资金的追逐利润的天性与学术团体忠于真理的文化品格存在冲突；其次是市场资金的不稳定性难以为科研活动提供持久稳定的经费保障。正是因为上述两点缺陷，市场资金在投入高校科研活动的过程中，需要构建相对完备的高校理事会制度为二者牵线搭桥：一方面理事会作为高校与市场之间的合作平台，扮演居中协调的角色，能在一定程度上规避市场资金逐利性与高校科研文化之间的潜在冲突；另一方面，通过吸纳企事业单位的代表，理事会能有效促成市场注资高校科研活动的稳定渠道，提升项目经费供给的稳定性；在发生项目合同纠纷时，理事会也可作为学术组织的利益代言人，依托法律规章建立相对完善的科研经费欠款追讨机制。综上所述，高校可通过吸引市场资金来摆脱对政府拨款的严重依赖，为加强市场资金投入科研活动的效率，需构建相对完善的理事会制度。

4. 着眼重点学科建设，弱化高校行政级别，促进分配公平

不同行政级别高校之间的学术资源存在着巨大差异，这是因为行政主导、条块分割的学术资源分配体制使部属院校能充分发挥其在体制内的政治力量，导致行政级别的高低与资源分配的多寡挂钩。分配不公使得高校之间缺乏公平竞争机制，难以形成促进科学研究持续发展的良性竞争环境。为了打破目前学术资源分配不公的格局，需同时进行两方面的改革。首先要改变以往针对学校的重点扶持政策，将目标集中到重点学科建设上。从表面上看，扶持重点学校和建设重点学科似乎是一体两面、步调一致的，但在实际操作中，新建的重点学科不一定要在重点学校中，亦即重点学科建设完全可以脱离重点学校的桎梏，在非重点本科院校中选取基础雄厚、潜力优异的学科作为扶持对象。为缩小地方院校与中央各部委高校在学术资源分配上的差距，可考虑采用增量改革的方式，新增重点学科时优先考虑地方院校，通过重点学科建设带动地方院校整体发展。其次，要弱化行政级别在学术资源分配中的影响，需转变政府部门专项经费的拨款方式，由原先各级政府部门直接拨付高校的方式改为各级政府部门将专项费委托给中介拨款机构，由其按照政府设定的标准将经费转拨相应高校。通过拨款方式的改革，可在一定程度上减弱科技经费分配中的部门利益取向，融通各级政府部门的财力资源用于统筹规划全国高校科研事业发展，改革的终极目标是要搬开“行政级别”这个阻碍现代大学制度建设的“拦路虎”，在条件成熟时取消高校的行政级别，赋予高校真正的独立地位和经费自主权。

5. 规范课题奖项评审、强化独立评审机构，提高评估权威

前文实证研究表明，由政府主导的课题评审、奖项评选在一定程度上决定高校学术资源的总量结构，形成了相对固定的利益分配格局，引发资源分配的马太效应，不利于高校之间的公平竞争。如何改善现有的课题评审、科研评奖制度，使之对学术资源配置产生正向引导，是未来改革的重要方向。如今的课题评审和科研评奖之所以会出现利益分配渠道固化的问题，根本原因是现有的课题、奖项评审大多由各级政府主管部门一手组织，在行政思维的主导下，官场盛行的人脉关系、功利倾向侵入了科研评价体系中，严重干扰了课题评审和奖项评选的客观性，例如课题申报出现“因人设项”，行政管理者为“有关系”的学者“量身定做”科研项目；科研评奖中匿名评审机制未真正落实，主管领导意见成为评奖的决定性因素等。对于这些问题，最根本的解决办法是禁止政府主管部门自行组织课题奖项评选，所有的课题评审、科研评奖工作都委托给第三方评审机构进行，在项目选题过程中，原则上政府部门仅能给出大致方向和要求，具体项目名单应由相关专业学术权威所组成的专家团队商议拟定。在专家评审环节要真正落实匿名评审机制，评审意见与评选结果一同公开，接受学术界监督质询，针对课题评选、奖项评审过程中出现的舞弊问题应建立相应惩罚机制，公开通报参与其中的学者或官员，并在一定时期内禁止其参与任何课题、奖项评选工作。

在微观学术资源配置中，改革的主要方向应是削弱行政权力对学术资源的分配权，主要包括以下几个方面：

1. 依托校学术委员会，完善民主协商机制，掌控资源分配

高校学术委员会作为学术事务的最高决策机构，理应成为学术资源分配的中枢，但长期以来我国大学学术委员会制度缺位、权能虚置，导致高校权力结构中“教授治学”的渠道不畅，学术事务决策中民主协商的机制不灵，学术资源的分配权被校内行政部门把持，行政化问题突出。当务之急应是增大高校学术委员会的权能，让学术资源的分配权回归到学术组织手中。值得庆幸的是，政府已意识到高校学术委员会在资源配置中重要性，2014 年，教育部制定了《高等学校学术委员会规程》[①]，其中明确规定“高等学校应当依法设立学术委员会，健全以学术委员会为核心的学术管理体系与组织架构；并以学术委员会作为校内最高学术机构，统筹行使学术事务的决策、审议、评定和咨询等职权”，有权评定“自主设立各类学术、科研基金、科研项目以及教学、科研奖项等”；有权质询“学校预算决算中教学、科研经费的安排和分配及使用”“教学、科研重大项目的申报及资金的分配使用”。但是，强化校学术委员会的权能仅仅是规范学术资源配置中的第一步，在学术委员会主任仍由校长、副校长等行政人员兼任的情况下，如何完善民主协商机制，避免在学术委员会中再次出现行政领导“一言堂”的问题，仍是校学术委员会制度改革的关键。

2. 资源配置重心下移，校级经费分块下拨，减少控制层级

在目前的学术资源分配体制中，行政权力主导下的集权管理模式导致资源被集中在了校级层面，例如“985”“211”等重大专项经费主要掌控在校级行政部门手中。但科研创新是每一位科研人员智力结晶的汇聚，科研成果的产出主体也主要是基层学术组织，当资源被集中在校级行政部门手中时，由于控制层级过多、分配链条过长，学术资源的配置效率必然受损，学术资源分配结果与基层学术组织的实际

---

① 教育部．高等学校学术委员会规程〔中华人民共和国教育部令第 35 号〕［DB/OL］．http：//www. moe. gov. cn/srcsite/A02/s5911/moe_621/201401/t20140129_163994. html.

需要出现错位，出现一方面校级科研经费的结余过多，另一方面基层学术组织的资金匮乏的现象。要解决这一问题，就需要通过校级学术委员会的民主协商和充分授权，将“囤积”在校级层面的资金分块下拨给基层学术单位，通过向下放权激活基层学术组织的创新活力。在未来的改革中需要注意两点：一是放权过程中出现的经费挪用、资源滥用等问题，需建立科研经费全成本核算制度，加强财务审计监督；二是要强化院系学术委员会在学术资源配置中的作用，完善对行政权力的监督机制，避免划拨到基层学术组织的资源再次被行政权力把持。

3. 改革院长聘任机制，限制院长权力边界，避免权力垄断

治理高校内部学术资源配置中的行政化问题，光靠强化学术权力是不够的，还需建立一套完备机制来防治行政权力的越位现象和权力寻租，其中最关键的环节就是对院系最高行政首脑——院长的权力制衡机制。首先要从改革院长选聘机制入手，应当明确规定院学术委员会是院长选聘的主要责任单位，在选聘过程中具备不容置疑的地位和不可剥夺的权利。其次要建立一套规范院长职权边界的制度，院系内部科研经费预算可由院长拟定，但需经过院学术委员会的批复方可生效。院长有义务定期向院学术委员汇报科研经费使用去向，对其中与预算不符的重大变动进行解释，院学术委员会有权质询院内科研经费的使用去向，若出现舞弊问题，院学术委员会有权追究相关人员责任，在特殊情况下可直接罢免院长。通过这两个方面改革，可有效监督行政权力，实现校内行政权力由“管理学术事务”向“服务科研发展”的角色转变。

4. 建立学术仲裁机构，搭建纠纷申述渠道，监督资源配置

学术资源分配不公是引发学术纠纷的主要原因之一，在这种情况下，通过学术仲裁可对学术资源配置进行矫偏纠错。由于学术纠纷的敏感性，不宜将处置学术纠纷的仲裁权下放给院系，应当由校学术委员会授权给专门的学术仲裁机构处置。在构建学术仲裁机制的过程中，首先应当畅通纠纷申述渠道，采用实名举报和匿名申述相结合的方式，广开言路以便加强对学术资源配置的监督，其次要实行利益相关人员的回避机制，当学术仲裁机构的成员与正在处置的学术纠纷事件有关联时，应当自觉回避；最后要建立学术纠纷仲裁及时反馈和公开透明机制，学术仲裁机构应在规定议程内给出学术纠纷的处置结果，并将处置意见向全校公布，同时接受校学术委员会的质询。

参考文献

[1] 鲍威，刘艳辉．公平视角下我国高等教育资源配置的区域间差异［J］．教育发展研究，2009，(23)．

[2] 伯顿·R. 克拉克．高等教育系统——学术组织的跨国研究［M］．杭州：杭州大学出版社，1994.

[3] 伯特兰·罗素．权力论——新社会分析［M］．吴友三，译．北京：商务印书馆，1998.

[4] 伯特兰·罗素．权力论——一个新的社会分析（第1版）［M］．靳建国，译．北京：东方出版社，1988.

[5] 蔡贤榜．我国高校学术权力与行政权力耦合之路径［J］．现代教育科学，2006，(3)．

[6] 曹卫星，赵跃民，高翅．提升高校学术权力　探索中国特色的教授治教模式［J］．中国高等教育，2004，(1)．

[7] 查永军．学术资源配置中的大学学术权力与行政权力［J］．黑龙江高教研究，2011，(3)．

[8] 常天义．高校科研经费管理亟待加强［J］．中国高等教育，2002，(6)．

[9] 车文博．当代西方心理学新词典［M］．长春：吉林人民出版社，2001.

[10] 陈通，白建英．西部地区高等教育投入产出相对有效性的评价研究［J］．西北农林科技大学学报（社会科学版），2003，(2)．

[11] 陈学飞，沈文钦．建设高等教育强国的背景与条件分析［J］．

中国高教研究，2011，(11).

[12] 陈岩．河南省高等院校教育资源利用效率的实证研究［J］．河南社会科学，2006，(9).

[13] 陈玉琨，戚业国．论我国高校内部管理的权力机制［J］．高等教育研究，1999，(3).

[14] 陈至立．认真学习贯彻党的十七大精神 以提高质量为核心加快从高等教育大国向高等教育强国迈进的步伐——在教育部直属高校工作咨询委员会第十八次全体会议上的讲话［J］．中国高等教育，2008，(1).

[15] 崔玉平，周逸先．论高校资源组织方式的选择［J］．清华大学教育研究，2002，(2).

[16] 达维久克．应用社会学词典［M］．哈尔滨：黑龙江人民出版社，1988.

[17] 丹尼斯·朗．权力论［M］．陆震纶，郑明哲，译．北京：中国社会科学出版社，2001.

[18] 范先佐．论教育资源的合理配置与教育体制改革的关系［J］．教育与经济，1997，(3).

[19] 冯建明．"去行政化"与大学权力问题刍议［J］．江苏高教，2010，(5).

[20] 冯向东．大学学术权力的实践逻辑［J］．高等教育研究，2010，(4).

[21] 付林，李冬叶．高校科研经费的使用监管机制［J］．黑龙江高教研究，2009，(11).

[22] 付毅飞．中科院研究员段振豪涉嫌贪污被刑拘［N］．科技日报，2011-07-22 (1).

[23] 傅毓维，郑佳．基于DEA的高等教育资源配置的评价模型研究［J］．黑龙江教育（高教研究与评估版），2005，(3).

[24] 国家自然科学基金委员会．国家自然科学基金项目资助经费管理办法，2002.

[25] 韩水法．世上已无蔡元培［J］．读书，2005，(4).

[26] 郝瑜，周光礼．中国大学“去行政化”改革的制度困境及其破解［J］．现代大学教育，2012，(3).

[27] 侯启娉．基于 DEA 的研究型高校科研绩效评价应用研究［J］．研究与发展管理，2005，(1).

[28] 胡保利，赵惠莉．冲突理论视野中高校学术权力与行政权力的关系［J］．黑龙江高教研究，2008，(4).

[29] 胡建华．关于彰显学术权力的若干问题［J］．高等教育研究，2007，(10).

[30] 胡仁东．权力与市场：两种高等教育资源配置模式［J］．高等工程教育研究，2006，(2).

[31] 胡伟栋．部分高校科研经费的使用情况及监管对策［J］．教育理论与实践，2009，(6).

[32] 黄春生．工作满意度、组织承诺与离职倾向相关研究［D］．厦门：厦门大学，2004.

[33] 江迪，解艳华．高等教育大而不强怎么改［N］．人民政协报，2013-03-14（B02).

[34] 教育部，财政部．教育部　财政部关于加快推进世界一流大学和高水平大学建设的意见，2010，(6).

[35] 教育部，国家发展改革委，财政部．高等教育“211 工程”三期建设规划［Z］. 2010，(1).

[36] 杰弗里·M. 伍德里奇．计量经济学导论（第三版）［M］．北京：人民大学出版社，2007.

[37] 杰弗里·菲佛，杰勒尔德·R. 萨兰基克．组织的外部控制——对组织资源依赖的分析［M］．北京：东方出版社，2006.

[38] 金炳华．马克思主义哲学大辞典［M］．上海：上海辞书出版社，2003.

[39] 康宁．高等教育资源配置：规律与变迁趋势——学术、市场、政府在优化高等教育资源配置中制衡的约束条件［J］．教育研

究，2004，(2).

[40] 康宁．高等教育资源配置中学术力量的回归 [J]. 清华大学教育研究，2004，(1).

[41] 李兵，李正风，崔永华．课题制科研经费管理存在的问题与对策 [J]. 科技导报，2011，(32).

[42] 李福华．高等教育质量：内涵、属性和评价 [J]. 现代大学教育，2003，(2).

[43] 李汉林，李路路．资源与交换——中国单位组织中的依赖性结构 [J]. 社会学研究，1999，(4).

[44] 李红宇．基于资源依赖理论探析中国大学自治——以“985工程”建设为例 [J]. 江西社会科学，2011，(2).

[45] 李文长．高校资源配置模式与绩效 [M]. 北京：北京师范大学出版社，2011.

[46] 李响．高校学术资源配置中的权力关系与治理——基于利益相关者的视角 [J]. 现代教育科学，2013，(1).

[47] 李新荣，吴艳萍．项目延期：高校科研管理急需解决的问题 [J]. 江苏高教，2006，(1).

[48] 林建华．建立合理科研事业费制度　推进大学科研管理体制改革 [J]. 中国高等教育，2007，(Z1).

[49] 林南．社会资本——关于社会结构与行动的理论 [M]. 张磊，译．上海：上海人民出版社，2005.

[50] 林荣日．论高校内部权力 [J]. 现代大学教育，2005，(2).

[51] 凌文辁，张治灿，方俐洛．中国职工组织承诺的结构模型研究 [J]. 管理科学学报，2000，(2).

[52] 凌文辁，张治灿，方俐洛．中国职工组织承诺研究 [J]. 中国社会科学，2001，(2).

[53] 刘爱东．理性把握高校内部资源配置的价值和效率取向 [J]. 黑龙江高教研究，2008，(5).

[54] 刘爱军．提高高校研究生科研能力的路径探析——基于

“有题目无项目”困境的破解 [J]. 教育理论与实践, 2010, (6).

[55] 刘晖. 论高等教育资源的合理配置 [J]. 教育研究, 1994, (12).

[56] 刘慧珍. 社会阶层分化与高等教育机会均等 [J]. 北京师范大学学报 (社会科学版), 2007, (1).

[57] 刘民权, 俞建拖, 李鹏飞. 学费上涨与高等教育机会公平问题分析——基于结构性和转型性的视角 [J]. 北京大学教育评论, 2006, (2).

[58] 刘蔚华, 陈远. 方法大辞典 [M]. 济南: 山东人民出版社. 1991.

[59] 刘小平. 企业员工的组织归属感及形成研究 [J]. 管理现代化, 2002, (6).

[60] 刘小平. 组织承诺研究综述 [J]. 心理学动态, 1999, (4).

[61] 刘亚荣. 我国高等学校办学效率评价分析 [J]. 教育与经济, 2001, (4).

[62] 陆根书, 刘蕾, 孙静春, 等. 教育部直属高校科研效率评价研究 [J]. 西安交通大学学报 (社会科学版), 2005, (2).

[63] 马健生, 孙珂. 高校行政化的资源依赖病理分析 [J]. 北京师范大学学报 (社会科学版), 2011, (3).

[64] 马克斯·韦伯. 经济与社会 (上卷) [M]. 林远荣, 译. 北京: 商务印书馆, 1997.

[65] 马陆亭. 高等学校的分层与管理 [M]. 广州: 广东教育出版社, 2004.

[66] 马陆亭. 如何实现高等教育资源的优化配置——对我国高等学校层次类别的剖析 [J]. 高等教育研究, 1997, (2).

[67] 马瑞华. 地方综合性大学学术资源优化配置研究 [D]. 开封: 河南大学, 2012.

[68] 毛成, 蔡玲丽, 赵春鱼. 服务行政: 高校“去行政化”改革新方向 [J]. 教育发展研究, 2010, (9).

[69] 冒荣. 学术行政化与学术资本化的联姻——权力的同谋和学术的异化 [J]. 江苏高教, 2011, (4).

[70] 潘懋元. 公平与效率: 高等教育决策的依据 [J]. 北京大学教育评论, 2003, (1).

[71] 彭江. 我国研究生教育资源配置主体分析 [J]. 学位与研究生教育, 2008, (1).

[72] 乔锦忠. 高等教育入学机会的城乡差异 [J]. 教育学报, 2008, (5).

[73] 饶鹏. 高等教育资源配置方式的创新研究 [D]. 南宁: 广西大学, 2005.

[74] 佘三元. 我国高校科研经费管理存在的弊端及对策 [J]. 教育与职业, 2010, (3).

[75] 施技文. 高教园区校际学术资源共享的现状与障碍——基于杭州下沙高教园区的分析 [J]. 当代教育论坛 (综合版), 2010, (3).

[76] 石杜丽, 梅哲领, 汪浩. 高校学术资源区域分布影响因素分析 [J]. 重庆科技学院学报 (社会科学版), 2012, (11).

[77] 史蒂芬·霍尔姆斯, 等. 权利的成本——为什么自由依赖于税 [M]. 北京: 北京大学出版社, 2004.

[78] 史静寰, 赵可. 从美国大学科研经费的间接成本管理看政府与大学的关系 [J]. 清华大学教育研究, 2007, (3).

[79] 宋传增, 刘迎春, 陈怀明, 等. 高校横向科研项目管理的改革与实践 [J]. 中国高教研究, 2003, (11).

[80] 宋华明, 范先佐. 高校教育资源优化与办学经济效益 [J]. 教育与经济, 2005, (3).

[81] 宋伟. 大学组织行政权力生成的哲学基础 [J]. 清华大学教育研究, 2005, (4).

[82] 眭依凡. 论大学学术权力与行政权力的协调 [J]. 现代大学教育, 2001, (6).

[83] 孙国华. 中华法学大辞典（法理学卷）[M]. 北京：中国检察出版社，1997.

[84] 唐晓玲，王正青. 学术资本主义的兴起及其对大学科研的影响 [J]. 高教探索，2009，(6).

[85] 托马斯·霍布斯. 利维坦 [M]. 黎思复，黎廷弼，译. 北京：商务印书馆，1985.

[86] 王红. 论教育资源配置方式的基本内涵及决定因素 [J]. 教育与经济，1999，(2).

[87] 王秋燕. 高校人力资源配置情况研究 [J]. 科技与管理，2004，(4).

[88] 王善迈. 社会主义市场经济条件下的教育资源配置方式 [J]. 教育与经济，1997，(3).

[89] 王苏琪. 高校"去行政化"改革资源性障碍探析 [J]. 黑龙江高教研究，2010，(9).

[90] 王英杰. 大学文化传统的失落：学术资本主义与大学行政化的叠加作用 [J]. 比较教育研究，2012，(1).

[91] 王英杰. 大学学术权力和行政权力冲突解析——一个文化的视角 [J]. 北京大学教育评论，2007，(1).

[92] 王正青，徐辉. 论学术资本主义的生成逻辑与价值冲突 [J]. 高等教育研究，2009，(8).

[93] 王卓. 教育资源配置问题的理论研究 [D]. 长春：东北师范大学，2005.

[94] 魏锋. 试论地方工科院校科研项目成果考核评价的创新 [J]. 教育与职业，2010，(5).

[95] 温正胞，谢芳芳. 学术资本主义：创业型大学的组织特性 [J]. 教育发展研究，2009，(5).

[96] 吴坚. 高校管理中学术权力与行政权力的协调 [J]. 高等教育研究，2005，(8).

[97] 吴明隆. 结构方程模型——AMOS 的操作与运用（第 2 版）

[M]. 重庆：重庆大学出版社，2010.

[98] 吴岩. 高等教育强国——中国教育的新使命 [J]. 北京教育（高教版），2009，(1).

[99] 希拉·斯劳特，拉里·莱斯利. 学术资本主义——政治、政策和创业型大学 [M]. 北京：北京大学出版社，2008.

[100] 向兴华，杜娟，梁锦霞. 研究型大学优化学术资源配置的原则与对策 [J]. 华南理工大学学报（社会科学版），2010，(6).

[101] 肖应红. 我国高校学术权力行政化的理性思考 [J]. 黑龙江高教研究，2004，(9).

[102] 谢安邦. 高等教育资源配置中的公平和效率 [J]. 高等教育研究，1998，(4).

[103] 谢亚兰. 美国世界一流大学科研经费投入与产出相关性实证研究 [J]. 高教探索，2008，(5).

[104] 谢亚兰. 美国世界一流大学科研经费学科分布研究 [J]. 高等工程教育研究，2011，(1).

[105] 谢作栩，罗奇萍. 闽、湘、川 3 省社会阶层高等教育机会差异的初步调查 [J]. 教育与经济，2004，(3).

[106] 徐芳. 高校科研项目申报和管理工作的思考 [J]. 中国成人教育，2008，(13).

[107] 徐斯雄，吴叶林. 当前高校专业设置的问题审视——基于学术资本主义的视角 [J]. 教育学报，2011，(1).

[108] 徐显明. 大学理念论纲 [J]. 中国社会科学，2010，(6).

[109] 徐小洲. 博克的学术自由与大学自治观 [J]. 浙江大学学报（人文社会科学版），2002，(6).

[110] 徐孝民. 高校科研项目人力资本投入补偿的思考——基于科研经费开支范围的视角 [J]. 中国软科学，2009，(12).

[111] 许建领. 论大学学术权力扩张的可能与限度 [J]. 江苏高教，2001，(3).

[112] 许士荣. 公平和效率：我国高等教育资源配置的两难选择

[J]. 高教与经济，2010，(2).

[113] 宣勇，郑莉. 大学学术资源共享的内在逻辑与实现路径[J]. 高等工程教育研究，2009，(6).

[114] 学白羽，李美珍，王孙禺. 中美政府部门对高校科研经费的投入及管理方式比较 [J]. 清华大学教育研究，2004，(6).

[115] 杨际军. 资源配置力量的博弈与高等教育结构的建构 [J]. 现代教育科学，2006，(3).

[116] 杨杰. 加强高校科研经费管理的对策研究 [J]. 高教探索，2009，(3).

[117] 杨明. 论德国高等学校科研经费筹措的现状、问题和对策[J]. 比较教育研究，2007，(12).

[118] 杨秀伟，李明斐，张国梁. 高校教师工作满意度及其与离职倾向关系的实证研究 [J]. 大连理工大学学报（社会科学版），2005，(4).

[119] 姚叶，廖湘阳. 高校行政权力与学术权力的冲突与整合——基于第三部门的视野 [J]. 江苏高教，2006，(2).

[120] 叶铁桥，刘星. 亿元课题经费被控贪污千万——浙大教授陈英旭受审 [N]. 中国青年报，2013－7－29（11 版).

[121] 余杏容. 离职相关因素之探讨 [J]. 思与言，1977，15(2).

[122] 袁贵仁. 中国高水平大学建设之路——从 211 工程到 2011 计划 [M]. 北京：高等教育出版社，2012.

[123] 袁祖望. 论高校学术权力的弱化与强化 [J]. 江苏高教，2004，(3).

[124] 约翰 · S. 布鲁贝克. 高等教育哲学 [M]. 杭州：浙江教育出版社，1987.

[125] 约翰 · 范德格拉夫，等. 学术权力——七国高等教育管理体制比较 [M]. 王承绪，等译. 杭州：浙江出版社，2001.

[126] 曾晓东. 从科研项目财务管理看大学内部治理——以斯坦

福大学为例 [J]. 比较教育研究, 2004, (3).

[127] 翟亚军, 周燕, 郑晓齐. 我国高校科研经费管理现状的实证研究 [J]. 国家教育行政学院学报, 2009, (10).

[128] 张济洲. 美国高校科研经费分配的同行评议: 本质、局限与改进——以美国国家科学基金会 (NSF) 资助为例 [J]. 中国高教研究, 2011, (10).

[129] 张济洲. 美国国家科学基金资助大学科研的机制、特点及启示 [J]. 教育与经济, 2011, (1).

[130] 张男星. 对高等教育资源配置的提问? [J]. 高教探索, 2000, (3).

[131] 张鹏. 大学学术资源共享平台的构建: 困境与出路 [J]. 当代教育论坛 (管理版), 2010, (1).

[132] 张伟. 哈佛大学科研经费及其管理模式 [J]. 现代教育管理, 2012, (1).

[133] 张炜. 资源配置公平视角下的高等教育财政拨款模式 [J]. 江苏高教, 2008, (5).

[134] 张媛. 260 万科研费炒期货北航主任判 10 年 [N]. 新京报 (数字版), 2013-7-1 (A13).

[135] 赵凤娟. 高校学术管理中的行政权力行使 [J]. 黑龙江高教研究, 2008, (9).

[136] 赵俊芳. 论大学学术权力的合法性 [J]. 东北师大学报 (哲学社会科学版), 2008, (2).

[137] 赵坤, 王振维. 大学重点学科核心竞争力的构建——基于资源与能力整合为视角 [J]. 黑龙江高教研究, 2009, (10).

[138] 赵祥, 胡志军. 论制度在高等教育资源配置中的作用 [J]. 高教探索, 2009, (6).

[139] 赵应生, 洪煜, 钟秉林. 我国高等教育大众化进程中地方院校经费保障问题及对策 [J]. 教育研究, 2010, (7).

[140] 中国大百科全书总编辑委员会《心理学》编辑委员会. 中

国大百科全书（心理学卷）[M]. 北京：中国大百科全书出版社，1992.

[141] 中国社会科学院经济研究所，刘树成. 现代经济词典[M]. 南京：凤凰出版社；江苏人民出版社，2005.

[142] 钟秉林. 关于大学“去行政化”几个重要问题的探析[J]. 中国高等教育，2010，(9).

[143] 周光礼，等. 中国博士质量调查——基于 U/H 大学的案例分析 [M]. 社会科学文献出版社，2010.

[144] 周巧玲，谢安邦. 对高校内部资源配置的思考 [J]. 高等教育研究，2011，(9).

[145] Adam Smith. The wealth of nations [M]. Bantam Classics Press, 2003.

[146] Allen N J, Meyer J P. The measurement and antecedents of Affective, continuance and normative commitment to the organization [J]. Journal of Occupational Psychology, 1990.

[147] Coleman J S. Social capital in the creation of human capital [J]. American Journal of Sociology, 1988.

[148] Mobley, William H. Intermediate linkages in the relationship between job satisfaction and employee turnover [J]. Journal of Applied Psychology 62, 1977.

[149] N. Gregory Mankiw. (2003). Principles of economics [M]. South - Western College Pub; 3 edition, February 19, 2003.

[150] Price, J L. The Study of tumover [M]. Iowa State University Press, 1977.

[151] Quick J C, Quick J D. Organizational stress and preventive management [M]. New York: Mc Graw - Hill, 1984.

[152] Samuelson, P. A (1954). The pure theory of public expenditure [J]. Review of Economics and Statistics, 36.

[153] Shi, Yigong, and Yi Rao. China's research culture [J]. Sci-

ence 329， No. 5996 （2010）.

［154］ T. Husen. The international encyclopedia of education research and studies. Vol. 1. ［M］. Oxford： Pergamon Press， 1985.

［155］ Whetten， D. A. Cameron， K. S. Developing management skills ［M］. Glenview， IZZ： Scott， Foresman， 1984.

附　　录

一、高校内部学术资源配置调查问卷

1. 年龄：________岁　　2. 工龄：________年

3. 性别：(1) 男 (2) 女

4. 婚姻状况：(1) 已婚 (2) 未婚 (3) 其他

5. 学术职称：(1) 初级 (2) 中级 (3) 副高级 (4) 正高级

6. 您的年收入约________万元（可保留1位小数），其中学校所发的收入约占________%。

7. 您每天工作时间平均约____小时。其中，科研时间约占____%。科研时间中，参与完成其他老师课题所花时间约占____%。

8. 近5年来的期刊著作情况：著作______部，期刊论文______篇，其中核心期刊（学术会议）论文______篇，国外核心期刊（学术会议）论文______篇。

9. 您的最终学位是______；您曾在目前工作的学校取得______学位；曾在国外取得______学位。（可多选，请对照以下四个选项，填写编号）

(1) 学士　　(2) 硕士　　(3) 博士　　(4) 无

二、课题与评奖情况

编号	课题/奖项类别	数量和经费额度
1	您最近 3 年主持的科研课题	项， 万元
2	其中：国家级纵向课题	项， 万元
3	省部级纵向课题	项， 万元
4	校级的纵向课题	项， 万元
5	企事业单位等的横向课题	项， 万元
6	您最近 3 年参与的科研课题（非主持人）	项， 万元
7	其中：国家级纵向课题	项， 万元
8	省部级纵向课题	项， 万元
9	校级的纵向课题	项， 万元
10	企事业单位等的横向课题	项， 万元
11	您最近 3 年获得科研奖项	项
12	其中：国家级奖项	项
13	省部级奖项	项

三、社会地位和社会关系情况

若符合最左列“职级/职别”描述的人不止一位，请选取最先想起的人继续答题。

请在合适的选项上打“√”

编号	个人情况 职别/职级	您自己是否属于	您是否认识	请您描述与此人的关系（左项选“否”者不答）			
				普通朋友	亲密伙伴	师生关系	家人亲属
1	省部级官员	是 否	是 否	1	2	3	4
2	中央部委司局级官员	是 否	是 否	1	2	3	4

续表

编号	个人情况 职别/职级	您自己是否属于	您是否认识	请您描述与此人的关系（左项选“否”者不答）			
				普通朋友	亲密伙伴	师生关系	家人亲属
3	中央部委科级、处级官员	是　否	是　否	1	2	3	4
4	地方厅局级官员	是　否	是　否	1	2	3	4
5	地方科级、处级官员	是　否	是　否	1	2	3	4
6	大学校长/书记	是　否	是　否	1	2	3	4
7	科研基金会主管	是　否	是　否	1	2	3	4
8	院系、研究所负责人	是　否	是　否	1	2	3	4
9	校内职能处室负责人	是　否	是　否	1	2	3	4
10	院士或国务院学科评议组成员	是　否	是　否	1	2	3	4
11	校学术委员会成员	是　否	是　否	1	2	3	4
12	院系学术委员会成员	是　否	是　否	1	2	3	4
13	学术期刊、出版社编辑	是　否	是　否	1	2	3	4
14	各大报刊、媒体的记者/专栏作家	是　否	是　否	1	2	3	4
15	企事业单位主管	是　否	是　否	1	2	3	4
16	企事业单位的科研项目研发人员	是　否	是　否	1	2	3	4

四、对校内资源配置情况的影响和感知

编号	题目（请在符合事实的方框内打“√”）	很不同意	较不同意	不确定	较为同意	非常同意
1	我有能力影响其他老师课题申报的结果	1	2	3	4	5
2	我有能力影响其他老师科研奖项评选的结果	1	2	3	4	5
3	我有能力影响所在单位科研经费的分配	1	2	3	4	5
4	我有能力影响其他老师职称晋升的结果	1	2	3	4	5
5	我有能力影响科研仪器设备的购置	1	2	3	4	5

续表

编号	题目 （请在符合事实的方框内打“√”）	很不同意	较不同意	不确定	较为同意	非常同意
6	我有能力影响所在单位课题研究的人手调配	1	2	3	4	5
7	我有能力影响其他老师户籍、编制的安排	1	2	3	4	5
8	我有能力影响其他老师工资奖金的分配	1	2	3	4	5
9	我有能力影响其他老师住房的安置	1	2	3	4	5
10	我有能力影响其他老师子女受教育问题的解决	1	2	3	4	5
11	我经常帮助其他老师解决课题申报的问题	1	2	3	4	5
12	我经常帮助其他老师解决科研奖项评选的问题	1	2	3	4	5
13	我经常帮助其他老师解决科研经费获取的问题	1	2	3	4	5
14	我经常帮助其他老师解决学术职称晋升的问题	1	2	3	4	5
15	我经常帮助其他老师解决科研仪器设备购置的问题	1	2	3	4	5
16	我经常帮助其他老师完成特定的课题研究	1	2	3	4	5
17	我曾帮助其他老师解决户籍、编制的安排问题	1	2	3	4	5
18	我曾帮助其他老师解决住房的安置的问题	1	2	3	4	5
19	我曾帮助其他老师争取更多的工资奖金	1	2	3	4	5
20	我曾帮助其他老师解决子女受教育的问题	1	2	3	4	5
21	我经常在课题申报方面获得其他老师的帮助	1	2	3	4	5
22	我经常在科研奖项评选方面获得其他老师的帮助	1	2	3	4	5

续表

编号	题目 （请在符合事实的方框内打“√”）	很不同意	较不同意	不确定	较为同意	非常同意
23	我经常在科研经费获取方面获得其他老师的帮助	1	2	3	4	5
24	我经常在学术职称晋升方面获得其他老师的帮助	1	2	3	4	5
25	我经常在科研仪器设备购置方面获得其他老师的帮助	1	2	3	4	5
26	我经常委托其他老师完成特定的课题研究	1	2	3	4	5
27	我曾在户籍、编制的安排问题上获得其他老师帮助	1	2	3	4	5
28	我曾在住房的安置问题上获得其他老师的帮助	1	2	3	4	5
29	我曾在工资奖金的提升问题上获得其他老师帮助	1	2	3	4	5
30	我曾在子女受教育问题上获得其他老师的帮助	1	2	3	4	5
31	我对所获得的课题项目的数量、质量较满意	1	2	3	4	5
32	我对所获得的科研评奖的机会较满意	1	2	3	4	5
33	我对所获得的科研经费的金额较满意	1	2	3	4	5
34	我对职称晋升的机会较满意	1	2	3	4	5
35	我对科研仪器的配备较满意	1	2	3	4	5
36	我对其他老师给我课题研究的帮助支持较满意	1	2	3	4	5
37	我对工资奖金较满意	1	2	3	4	5
38	我对住房保障较满意	1	2	3	4	5
39	我对落实户籍、编制的落实较满意	1	2	3	4	5
40	我对子女受教育的情况较满意	1	2	3	4	5
41	总体上看，我对目前的工作较满意	1	2	3	4	5

续表

编号	题目 （请在符合事实的方框内打“√”）	很不同意	较不同意	不确定	较为同意	非常同意
42	单位领导在决策过程中，信息是公开透明的	1	2	3	4	5
43	单位领导在做出决策前，常常征求老师的意见	1	2	3	4	5
44	单位领导所做的决策，大部分是公平合理的	1	2	3	4	5
45	我很认同所在单位的目标和理念	1	2	3	4	5
46	我积极参与所在单位的各项工作	1	2	3	4	5
47	我愿意为单位的发展尽最大努力	1	2	3	4	5
48	若离开所在单位，我会留恋	1	2	3	4	5
49	我所从事的工作和取得的成就获得大家的认可	1	2	3	4	5
50	总体上看，我在单位的地位较低	1	2	3	4	5
51	与其他老师相比，我的经济收入较低	1	2	3	4	5
52	与其他老师相比，我的社会地位较低	1	2	3	4	5
53	与其他老师相比，我的学术声望较低	1	2	3	4	5
54	我的职业发展空间较小	1	2	3	4	5
55	我的职业发展机会较少	1	2	3	4	5
56	行政性事务占用了太多时间	1	2	3	4	5
57	其他老师委托的科研任务占用太多时间	1	2	3	4	5
58	我的工作压力太大	1	2	3	4	5
59	我有离开所在单位的意向	1	2	3	4	5
60	我不想再从事大学教师这份职业	1	2	3	4	5

五、单位在资源配置中的作用

编号	在以下事项中，请对您单位应起的作用进行评分（方框内打“√”）	完全自行解决不必依靠单位 → 无法自行解决完全借助单位				
1	课题申报	1	2	3	4	5
2	科研奖项评选	1	2	3	4	5
3	科研经费获取	1	2	3	4	5
4	学术职称晋升	1	2	3	4	5
5	科研仪器设备购置	1	2	3	4	5
6	委托其他老师完成特定课题研究	1	2	3	4	5
7	户籍、编制的安排	1	2	3	4	5
8	住房的安置	1	2	3	4	5
9	工资奖金的提升	1	2	3	4	5
10	子女受教育	1	2	3	4	5